全身芸人

ぜんしんげいにん

取材・文 田崎健太

写真 関根虎洸

太田出版

全身芸人——目次

装丁・本文デザイン／長久雅行
表紙写真／関根虎洸

全身芸人

プロローグ

本来、芸人とは日常生活の埒外に棲息する人間たちだ。舞台の上に立つ彼らの眼は醒めている。客席の機微を肌で感じながら、ネタを微調整して笑いを取っていく。彼らには〝笑われているのではない、芸で笑わせているのだ〟という強い矜持がある。だから必要以上に客に媚びることはない。

そして勘の良い観客は、家族や会社、組織に縛られない芸人の怖さを感じ取っているものだ。自らの足元は安全な場所に置いていることに安堵しながら、日常と非日常、聖と俗の境目を歩き回る彼らをげらげらと声を出して笑うのだ。

ぼくは軀ひとつで観客と日々対峙している芸人に畏敬の念を持っている。彼らは、年齢層がばらばらで自分に興味のない観客に囲まれることもあるだろう。長年生き残ってきた芸人はそれをねじ伏せてきたのだ。

ぼくのようなノンフィクションの書き手と少し似ている。厄介な取材相手に数時間向き合う、あるいは空気を肌で感じるために現場で動きまわる。最後まで諦めずに原稿を仕上げる――これらは頭脳に加えて、肉体の粘りが必要だ。

また、芸は刹那である。

笑いは時代にぴったりと寄り添うものだ。そして、世間を席巻した笑いはあっという間に風化し、使い捨てられる。爆発的に売れる以上に、売れ続けることはもっと難しい。年をとるうちに時代の空気を感じる感覚は失われていく。

だからこそ、表現者の先達として、年老いた芸人の生き様を追ってみたいとずっと考えていた。不発弾のような狂気を抱えた彼らは人生をどのように閉じていくのか、興味があったのだ。

そんなとき、ミリオン出版の編集者、中山智喜から『月刊　実話ナックルズ』という雑誌で連載をしませんか、という話を持ちかけられた。中山、そして写真家の関根虎洸とぼくの事務所に近い新宿御苑のカフェで何度も企画を練ることになった。

まず名前が上がったのは月亭可朝だった。賭博での逮捕歴があり、借金、さらにストーカー規制法で七〇歳のときに逮捕された。まさに破滅的芸人だった。その彼も八〇歳近くになっているはずだった。

今や芸人はバラエティ番組だけでなく、ワイドショー、クイズ番組などあらゆる場で重宝されている。彼らは場の空気を読み〈庶民〉の代弁者としての役割を演じている。その過程で芸人が本来持っていた怖さは薄れつつある。そんな彼らを可朝はどんな風に見ているのだろう――。

ところが、担当編集者の中山が取材を申し込むと、彼は取材には乗り気ではなかった。とにかく一度会いませんかと中山は電話で食い下った。すると映画の撮影で関西から静岡へ出てくる予定があるという。そこで撮影が終わる夕刻、三島駅で落ち合うことになった。二〇一五年十一月のことだった。

改札に現れた可朝は、大きな丸い目、どす黒い顔色が印象的だった。横には三〇代とおぼしき、小柄な女性が立っていた。

「娘や」

可朝は右手で女性を指した。

「たまにマネージャーをやってもらっている。今日は本業の会社員の仕事が休みやから、こっちまで付いてきてもらった」

彼女はぺこりと頭を下げると、可朝の軀に隠れるように後ろに下がった。

「後でな」

彼女に向かってさっと手を挙げた。

すでにとっぷりと日が暮れており、喫茶店の類いは開いていなかった。そこで居酒屋で酒を飲みながら話をすることになった。

「ワシを取り上げてどこが面白いんや。酒がどうの、オンナがどうのって言っても、ワシは評判ほど強くない」

三枝と比べると女の話は少ない、ワシはイメージばっかりやと口の端を上げて笑った。このとき、三枝――桂文枝の女性問題が写真週刊誌を賑わせていた。

「金はなんぼ払える？　そんなに安ないで」

可朝は大きな目でこちらをじっと見た。その笑っていない目を見て、一筋縄ではいかない男に取材するのだと、はっとした。

第一章　月亭可朝
ギャンブル中毒の男

つきていかちょう……一九三八年～二〇一八年

人生最悪の独演会

年が明けた二〇一六年二月、京都市内のホテルで月亭可朝の独演会が行われた。宴会場で昼食を食べながら落語を聞くという会だった。

連載開始前、ぼくたちは二つの決まりごとを作った。一つ目は、その芸人の舞台を見ること。それは引退していない、現役の芸人であることと同義である。二つ目は複数回取材すること。芸人は必ず嘘をつく。その嘘を見抜くのは時に難しい。多面体の彼らに対して、一度の取材で済ませることは、通り一遍のものになってしまう可能性が高い。何日かに分けて、関係を築きながら話を聞いていこうと考えたのだ。

その日、本番前の控え室に現れた可朝は明らかに生気がなかった。

くたびれた毛が襟に付いているコートを脱ぐと、サスペンダーと白い長袖の下着が見えた。下着が裏返しですよと言うと、「あっ」と声を上げ、慌ててシャツを引きあげた。その瞬間、財布が落ちて小銭が床にころころと転がった。

「朝、風呂入ったときに脱いだのをそのまま着てしもたから、裏返しになったんや」

三島で会ったときと比べて声に張りがなく、抑揚も乏しかった。

ぼくたちはロビーで行き交う人をぼんやりと眺めながら、会が始まるのを待った。十三時、壇上に司会を兼任する声帯模写の男が、大袈裟に声を張り上げて現れた。彼がひとしきり物真似をした後、着物に着替えた可朝が出てきた。

京都と大阪の違い、大阪が京都に勝っているのはひったくりの件数、市役所で刺青を入れている人間の数――しかし、話は全く盛り上がらない。まるで銭湯の待合室に居座った老人の戯言のようだった。そもそも呂律《ろれつ》が回らないのだ。

「唇が乾いて、ひっつく」

可朝は首を捻った。

その後、落語に入ったが、客席は冷えたままだった。一つの噺が終わると、件の司会者がどたばたと現れ、休憩の時間なので控え室に戻るように促した。もう一本、落語をやるのだと可朝は言い張ったが、司会者は「あとのスケジュールがあるので」となだめた。不満げな表情で、高座から降りながら「なんか知らんが舌がもつれる」と呟いた。司会者が「脳梗塞と違いますか？」と軽い調子で返すと、可朝の顔がさっと強ばった。

その後、派手なスーツを着た小型の冷蔵庫のような二人組の漫才師が出てきた。二人はしきりに、自分たちがいかに売れないかという話をした。

漫才師が下がると再び司会者が飛び出して来た。この日の朝、北朝鮮がミサイル実験を行っていた。司会者の持ちネタなのだろう、怒鳴るように声を張り上げて、北朝鮮の女性アナウンサーの声帯模写をした。客席からさざ波のように笑いが起こった。司会者は満足そうな表情で再び可朝を呼び出した。

すると——。

可朝は出て来るなり、「今日、北朝鮮がミサイルを発射しましたな」と切り出し、北朝鮮の女性アナウンサーの物真似を始めたのだ。客席の戸惑った空気を感じた可朝は、あれっという表情になった。話を切り上げると、調子の狂ったギターをつま弾き、『嘆きのボイン』、そして『出てきた男』を歌った。歌になり、ようやく客席から拍手が増えた。それでもこのまま客を帰してはならないと思ったのか、慌ただしく簡単な手品を披露して独演会を締めた。

可朝はもちろんその他の出演者も含めて、一言で表現するならば、雑な「会」だった。

「**ワシ、脳梗塞かもしれん**」

控室に行くと、可朝は知り合いに囲まれていた。久しぶりに旧友たちに会えることを喜んでいる風であったが、表情は暗かった。

「あんなんないことや」

ぼくの顔を見ると、小さな声で言った。

「人前で落語をやるのは久しぶりだったんですか？」

ぼくの問いに強く首を振った。

「そんなことはない。四日ほど前もやった。そのときは問題なかった。テンポがスロー過ぎた。スロー過ぎると流れが出来ひんからね。といって、早くやろうとすると（舌が）引っかかって、意味が分からなくなってしまう」

うん、参ったなぁと独り言のように呟いて、下を向いた。

「最初の出番で落語を二本やるはずだったんですよね」

「そやねん」

「一本目の枕が少し長すぎましたね」

「うん」

「時間の計算を間違えたんですか？」

「枕はね……、（落語に入る前に）どん、どんとウケるためにやるんや。それが、舌がもつれている自覚症状があったのと、お客と噛み合っていないのを感じて……。こら、あかんと次を探っているうちに枕が長くなった」

「落語の前に盛り上げて入るはずだった」

「うん、そうそう。やっぱりお客も可朝やと思って来てくれているわけやから、大きな笑いを期待してるからね。落語やっている最中から、舌が乾いて、ずっとやばいなと。そうしたら、タブっちゃんが〝脳梗塞かも分からん〟と言うものやから」

タブっちゃんとは司会者のことだ。

「ワシもそうちゃうかなと思っていた。うん。脳梗塞もありえないことではない」

「今から病院で診てもらいますか？」

「いや、今から行けへんやろ」

可朝は、ええねんと力なく手を振った。

この後、西宮市にある可朝の自宅近くで話を聞く予定となっていた。ホテルから京都駅に向かうタクシーの中でも可朝はなぜウケなかったのかとぼやき続けた。

「最初にね、軽い落語のネタを二つやって、笑わせようと思っていたんです。それでだーっと（客を）乗せられるからね。乗ってしまえば漫談に行く。ところが金正日の話をして、北朝鮮のアナウンサーの物真似をしたら、お客さんの反応が薄かったんや」

可朝さんが出る直前に司会者が北朝鮮のアナウンサーの声帯模写をしていましたと、ぼくが教えると「あー」と眉を顰めた。

「あれは今まで外れたことがなかったんや。あんなん誰もやってなかった。俺が始めたんや。そういうのをやるんやったら、先に言うてもらわんとあかん」

　このごろは節操がないなぁとため息をついた。

「先にやられると、後のワシが真似したことになるからなぁ」

　京都駅からはJRの新快速に乗った。滋賀県から兵庫県の主要駅を駆け抜ける新快速は、いつも混雑している。この日も京都駅から乗り込むとすでに席はすべて埋まっていた。帽子を脱いでつり革にぶら下がっている可朝に気がつく乗客はいなかった。

　ぼくは鞄からiPadを取り出して脳梗塞の初期症状を検索した。

　そこにはいくつかの〈チェックポイント〉が書かれていた。

〈口の動きの異変・ろれつが回らなくなる（構音障害）・言葉が出なくなる（失語症）・口をうまく閉められなくなる〉

　脳梗塞とは動脈が詰まり、脳の神経細胞が壊死することだ。そして〈そのまま放置しておくと一五〜二〇％の人が、三ヶ月以内に脳梗塞を発症する、そのうちの半数は数日以内（四八時間以内）の発症〉という。発症後、死に至る場合が多い。可朝に見せると「ワシのことや」と画面を指さした。

「ああ、ワシ、脳梗塞かもしれん」

　弱々しい声だった。途中下車して病院に行きますかと訊ねると、「いや、ええわ」と下を向いたまま弱々しく首を降った。

　可朝の家の最寄り駅で降りたとき、ぼくの親族に医師がいることに気がついた。叔父は半ば引退して、地元の医院で細々と診察を続けているはずだった。出てくれと祈りながら電話をかけると、繋がった。事情を簡単に説明して「ぼくの叔父です」と携帯電話を可朝に渡した。可朝は腰を少しかがめて症状を伝えた。

「ああ、そうです」

「はい」

「脳梗塞だとしても、三時間以内に薬を打てば大丈夫なんですか？」

「なんという薬ですか？」

「TPP？　違う？　TPA？　それは薬局で売っていますか？」

「病院に行かないと駄目ですか」

「あー、はい。ありがとうございます。すぐに行きます」

　叔父によると、脳梗塞と断定できないが、可朝の年齢を考えれば可能性は高いという。症状が起きてから三時間以内に、『t－PA』という血栓を溶かす薬を投与しなければならない。

　腕時計を見ると、午後五時になろうとしていた。発症が二時とすればもう三時間経っている。いや、彼の舌がもつれ始めたのはもう少し後かもしれない。とにかく早く病院で見て貰うことだ。駅前に待っていたタクシーに可朝を乗せて、彼のかかりつけだという大学病院に向かうことにした。

車の後部座席で可朝は病院に電話を入れ、「鈴木ですが……」と本名を名乗り、症状を説明した。週末の夕方ということで勤務する人間が少ないのだろう、担当医に辿りつかない。何度も同じことを説明するうちに、可朝は苛立った声になった。そのやりとりを聞いた運転手はアクセルを踏み込むと、混んだ幹線道路を頻繁に車線変更し車を追い抜いて行った。

しばらくして当直の医師と電話が繋がった。可朝は「脳梗塞かもしれん」「t－PAという薬が必要やと言われているんです」と繰り返した。先ほどと比べてさらに舌が絡まっているようだった。もう手遅れなのか——。

ぼくたちの乗ったタクシーが病院に着いたときには、午後五時半になっていた。車の扉が開くと可朝は車から飛び出し、つんのめるように緊急外来に駆け込んだ。

「さっき、電話した鈴木です」

受付に白衣を着た男が立っていた。可朝は彼の後について診察室へ入っていった。

やんちゃもん、落語家になる

ぼくたちは、待合室で可朝を待つことになった。そこは病院にありがちな、無機質としか表現しようのない待合室だった。明るい蛍光灯に照らされた中、必要最低限の物がきちんと置かれているが、死に繋がる薄暗さが漂っていて、落ち着ける場所ではない。

冬の陽が落ちるのは早い。ぼくたちが病院に着いた午後五時半ごろ、すでに外は真っ暗になっていた。暖房の効いた空気は眠気を誘った。時折、緊急外来の自動ドアが開き、猛烈な冷気が吹きこんできた。患者が乗せられたベッド、点滴を持った車椅子の男、そして患者の家族や看護師たち。よりによって土曜日の夜、緊急外来に来たいと思う人はいない。誰もが暗い顔をしていた。

一時間半ほど経った頃、可朝が診察室から出てきた。

「脳梗塞やなかったわ」

憑きものが落ちたかのようにさっぱりした顔だった。医師は待合室で待っていたぼくたちを呼んだ。念のためにCTスキャンまで撮ったが異常は見られなかったという。突然、彼の呂律が回らなくなった原因は分からない、と首を捻った。

病院からタクシーで再び駅に戻った。すると可朝は「どっかでご飯食べながら話をしよか」と言い出した。ぼくは大衆食堂のようなところに入るつもりだった。ところが、ぼくが「この辺り、焼肉屋が多いんですね」と口にすると、可朝は「あー、焼肉屋いこ」と半ば強引に贔屓にしている店に引っ張って行った。

そこは住宅地の中にある、家族的な雰囲気の焼肉屋だった。可朝は慣れた感じでのれんをくぐり、手早く肉を注文した。

可朝は家族と別居しており、この近所に一人で住んでいた。

「昔は夙川の一等地に家があった。夙川の川沿いで前に松林が生えている。川の音がさらさら聞こえるところでね。『華麗なる一族』の舞台になった家が、ワシのところから五、六軒向こうにあった。川向こうに松下幸之助の家があったんかな。うちの娘は、いまだに〝あそこが好きやった〟と言うてるけどな」

阪急神戸線の夙川駅付近は関西屈指の高級住宅地である。家を買ったのはいつごろの話ですか、と訊ねると可朝は「ワシは干支と暦しか分からん。そんなん覚えてないわ」と野暮な話を聞くなという風に鼻で笑った。

月亭可朝こと、鈴木傑《まさる》は一九三八年三月一〇日、神奈川県の葉山町で生まれた。

「まあ、名前だけ聞くと格好ええところやね。近所のやんちゃもんで、猿みたいなもんやった。

それで小学校に上がる前に大阪へ行った。親父が妙盛電気商会という電気工事業の会社を経営していた。従業員も仰山おったね」

まだ第二次世界大戦中だった。

「軍の仕事をやらんといかんから大阪に行ったという話は聞いたことある。終戦後は、南海沿線の電気工事とか奈良の天理教（の施設）を親父が請け負ってましたわ。天理教は金持っているから、値切らんって言うてた。うちの親父も関東の人間やから、欲出してわーって儲けるとか、ふっかけるほうやなかったからな」

四人きょうだいの末っ子で、姉が二人、兄が一人いる。

「次男っていうのは、やんちゃなのが多い。兄貴が配給なんかでもらった饅頭を大切に食べながら漫画を読んどる。ワシは横からそれを掴んで逃げた。兄貴は〝お母ちゃん〟って言うけど、もう遅いわな。そんな子どもやから、よその家に生えている木に柿がついていたら、盗むのは普通やと思っとった」

可朝によると初めて道を外れたのは、高校の修学旅行だったという。

「日光に行ったら、よその学校も修学旅行に来ていた。そこの女の子と知り合いになって、二人でドロンかました。みんなからちょっとずつお金をカンパしてもらって、北海道に行ったんです。それで退学」

この一件で、高津高校から城東工業高校に転校する羽目になった。高校卒業後、関西学院を受験するが不合格。兄の経営する織物工場でアルバイトをすることになった。

「兄貴は親父の仕事を継がずに、大阪の天満っていうところで、メリヤス屋やっていた。肌着みたいなのを作って日本やアメリカに送ったり。社員は一五人ぐらいおって、ほとんどが女性。女の人はミシンをばーっと掛けている。事務所にいるのは兄貴とワシと、もう一人おっさん。そんな感じやから時間はある。梅田の阪急百貨店の屋上でＭＢＳ（毎日放送）の公開放送をよう見たもんや」

可朝の自伝にはこう書いてある。

忘れもせん、その日は中沢寿士とＭＢＳジャズオーケストラの公開放送があるというので、始まる大分前から行って、前のほうに座ってましたんや。そしたら隣にいたオッチャンが、「トイレはどこにおまんのや？」と訊いてきたんで案内してあげた。白い杖をついてはって、目が不自由そうやったからですわ。席に戻ったら、オッチャンが突拍子もないことを言いますんや。

「兄ちゃん、アンタのしゃべり方は落語家に向いているなぁ。わては、染丸さんの知り合いや。落語家になりたかったら、いつでも頼んだげる。染丸は大物や。あの（花月亭）九里丸にでも、同格でものを言える旦那や」

見ず知らずの人間に、落語家になれとはえらい人がいたもんや。ただその時、新聞に小さく載っていた染丸師匠の顔をふと思いだしとりました。福助足袋の看板のような、ふくよかな顔が記憶に残っておったんです。


(『真面目ちゃうちゃう可朝の話』鹿砦社/1999年)


可朝はこう言う。

「自分は林家染丸の按摩や。そやから、頼んであげるって。家に帰って親父に相談したら、〝お前アホか、落語って難しいんやぞ。電気屋になっとけ〟って言われた。翌日の朝、その人に断るつもりで電話掛けた。〝親はどう言うてました?〟って、その人は目が不自由やから大きな声や。そうしたらふっと反射的に〝ああ、行ってもええって〟と答えた。そうしたら、おいで、おいでと。言われた通りの場所に行ったら、その人が白い杖をついて表で立っていた。〝来ました〟って言うたら、〝ほんなら染丸さんのところに行くか〟って、ワシの後ろに回って肩を持つんや。それでワシは言われるままに歩いて、染丸師匠のところに行った」

丁度、染丸は出掛けるところだった。

「染丸師匠は按摩さんに〝ええ子がおるっていうのはこの子のことか〟って。ワシのことをよっぽどええように言うてくれてたんやろね。染丸師匠は〃落語出来るのか〃って訊いてきた。ワシは〃一切できません。落語っちゅうのも聞きに行ったこともありません〃〃あっ、そう、知らんならば、いっそ知らんほうがええ〃と。穏やかな顔をしてはったし、これは親の反対を押し切ってでも行こうという気持ちになった」

偶然知り合った按摩に誘われて、落語の道に入る――話としては少々出来すぎの感もある。

芸人にとっては、自分の過去は全て笑いの材料――ネタである。落語や漫談の枕に使っているうちに、話を整えてきたはずだ。実際どうだったかはともかく、それを信じ込ませることが出来れば、芸人としては成功なのだ。

〃親、呼んでこい〃――林家染丸に破門される

染丸に入門して「林家染奴」という名前を貰った。芸者のような名前で「背中がこそばい感じがした」という。

染丸から教わった幾つかの教えがある。

――飲む、打つ、買うは芸人にとって薬のようなもの。かといって薬やない。

――酒を飲んで早死にするのは貧乏人の証拠、ほどほどに飲むのが酒というもんやで。

——同じ芸界の女には手を出したらあかん。

染丸は博打については何も言わなかったと可朝は言う。染丸も博打に目がなかったのだ。

「染丸師匠というのは、やっぱりええ人やった。神戸の三宮の神戸新聞会館でやってた淡谷のり子ショーのときや。雨がざーっと降っていた。その日は終わった後に座敷の仕事が入っていた。劇場に車を用意しておいてくれって頼んだんやけど、雨やからなかなか来ない。これは自分で拾わんとあかんって、雨の中に飛び出て、車を探していたんです。そのとき、ぱっと見たら、染丸師匠も濡れながらタクシーを探している。タクシーに乗ると、鞄から煙草と手ぬぐいを出して、〝お前もこれで拭け〟って。ああ、こういう人かと。ワシはこの人に一生尽くさなあかんという気持ちになったんです」

しかし、その殊勝な思いが長続きしないのが可朝の人生である。

二〇歳の夏のことだった。堺市の大浜海岸で行われた夜市に染丸のお供として出かけることになった。染丸が贔屓にしていた鶴子という芸妓も一緒だった。三人でタクシーを借り切り、夜市をぶらつき午前三時頃、帰途についた。染丸、鶴子を自宅へ送り届けて、最後に可朝が預かった財布で支払いを済ませることになっていた。

染丸を車から降ろした直後のことだ。

「この芸妓が〝落語ってどんな稽古してんの〟って言い出した。それで〝こんなんやってます〟

って、覚えたばかりの『へっつい盗人』という落語をやったんや。タクシーの中でいきなり始めたので、〝おもろい子や〟って気に入られた。それで〝家に寄っていきな〟っていうことになった。その芸妓は、二階の部屋を借りて住んでいた。そこに上がった」

でも、手は出してまへんで、と可朝は目を見開いた。

「年はあんまり変わらへんかったけど、向こうは一人前の芸妓さん、こっちはぺーぺー、落語家の駆け出し。貫禄負けしてね、手も触れません。朝まで師匠の悪口を言うたりなんか、わーっとしていた。それで朝ご飯作るっていうので、市場に買い物へ行った」

そこで、染丸と出くわした。塩昆布を作るのが趣味だった染丸は、材料となる昆布の買い出しに来ていたという。

染丸は可朝を見て「お前、ここで何してんねん」と怪訝な顔をした。

「師匠のお宅へ向かっていたら、そこで姐さんにばったり会いましてん」

可朝の口から咄嗟に嘘が出た。しかし、次の瞬間、染丸の目が可朝の足元に留まった。

「わしは赤い鼻緒のついた彼女の下駄を履いていた。それで、〝親、呼んでこい〟と。破門ですわ」

お気に入りの芸妓に手を出したと誤解されたのだ。そんな可朝を拾ったのが、三代目桂米朝だった。

「米朝師匠から電話が入って、〝経緯はみな聞いた。これからワシが面倒見たいと思ってるんやけど、君、うちに来るか〟って」

米朝は二〇一五年三月に亡くなった正統派、古典落語の名人である。

吉川潮著の『月亭可朝の「ナニワ博打八景」』(竹書房/2008年)には、弟子入りを許された翌日、〈米朝門下であることが一目で分かることと、「小」「米」「朝」が、それぞれ3画、6画、12画と、倍々で験が良い〉という理由で「桂小米朝」という名前を考え、米朝から認められたと書かれている。

自分は要領のいい弟子だったと、可朝は得意げに鼻を鳴らした。

「米朝師匠は東京に行くとき、弟子もグリーン車に乗せんねん。師匠がどんな新聞、雑誌を読むのか、見当で買っておく。師匠はこう言うたわ。〝他の奴はみんな師匠が読むように用意してます、段取りしてますって言わんばかりに置いてある。しかし、こいつだけはそうせんと。俺がちょっと手を伸ばせば取れるぐらいのところにさりげなく置いてある〟って、褒めてくれとったわ」

テーブルに置かれた皿に肉がなくなっているのに気がついた可朝は「肉、もっと食べや」と言うと、店の女性を呼んだ。

「タレでもうちょっと頂戴」

そして話を続けた。

「師匠が高座に上がるときは弟子に財布を預けるわけですわ。師匠が家に帰っても、ワシがそのまま財布を持っていることもあった。師匠は財布に幾ら入っているとか、全く関心がないんです。奥さんが財布を見て、減っていると思ったら補充する。それで師匠の財布を持って、飲み屋に行ったり、女郎買いに行ったりね」

ああ、行きました、行きましたと、繰り返した。

「奥さんは米朝師匠が使ったと思っている。でもほとんどこっちが使っていた。そういう恵まれた環境におったわけですよ」

米朝は自宅の雑事を弟子にやらせることはなかった。例外は子守りだった。

前出の『月亭可朝のナニワ博打八景』にはこんな一節がある。

　夏の盛り、あまりの暑さに音を上げて、双子の乳母車を木陰に置いたまま、裸になって武庫川で泳いだ。もともと水泳は得意だから、夢中になって泳いでいるうち、時がたつのを忘れた。木陰に戻ると、太陽の位置が変わってそこは日陰ではなく夏の太陽が照りつけていた。双子がぐったりしている。あわてて木陰に移したところにアイスキャンデー売りが通りかかったので買い求めた。アイスを代わりばんこになめさせると、双子がだんだん元気になってきた。小米朝は何事もなかったような顔をして師匠宅へ戻った。

著者の吉川は後書きで、〈可朝から取材した内容を元に若干の脚色を加えている〉と書いている。内容の真偽は別にして、証言として一定の資料性はあると判断し、引用する。

可朝は双子の子守りを一つ年下の弟弟子に押しつけた。神戸大学を中退して入門していた、後の桂枝雀である。

「一回りぐらい上の兄弟子もいて、そいつもおむつを替えたりしているんです。ワシは、おむつは替えん、掃除はせん。子どもは遊ばせましたよ。ワシは弟子のときから乗用車を持っとったから、膝の上に乗せてハンドル持たして運転させたりな。そういう遊びをするから子どもは寄ってくる」

双子の一人は、二代目小米朝を経て、現在は五代目米團治となっている。

可朝は弟子入りの傍ら、知人の紹介で鉄工所の製図を写す内職をしていた。その金を頭金として中古のオースティンを購入。その車を使って夜には白タク——もぐりのタクシーをして稼いでいたという。ただし、扉が閉まらない「ボロ車」だった。車内で両側の扉を紐で結んでいた。

「兄弟子からは嫌みを言われました。米朝師匠も〝あの餓鬼は、俺のほんまの弟子やないで〟って言ってました。でもそれはみんなの手前言うてるだけ。鞄を持ってワシが（地方公演に）付いていったら、旅館に部屋を借りてくれたことがあった。そこで旅館の浴衣を着て落語を教えてくれてね」

米朝から叩き込まれたのは噺家としての基礎だった。

「手を膝に置くのが男、(両手を)ぱっと重ねたら女になる。しつこくやらんでもええ」

可朝が「私を可愛がってくれる？」と嬌態を作ってみせると、周囲の空気がさっと柔らかくなった。

「基礎があれば、何もせんでも女になんねん。後は自分で好きなようにやれと。年寄りなのか、女の子なのか。キセルの持ち方でもこうやって持つと百姓や」

そう言うと左手でキセルを持つ仕草をして、右手を軽くかざした。

「百姓は風で火が飛ばんようにこうして持つんや。それで〝今年もいい米が獲れそうじゃのう〟って。侍はまた違う持ち方をする」

可朝は落語家という秩序の中で生きていくには、自らを恃む気持ちが強すぎた。

「ワシは、落語も漫談も司会も出来るから便利なんですよ。だから劇場の人間は米朝師匠に〝あれ、本出番に取りましょ〟って。本出番というのは、(若手の落語家による)勉強会ではなくて、普通に劇場に出ているメンバーの中に入れるということ。ほんなら、師匠は、〝その前にこいつを出して欲しい、あれを出して欲しい〟と、枝雀たちの名前を言う。家で用事をやっている奴を出したいわけや。米朝師匠のところにおったら、俺はあかんと思うようになった。そこで破門された染丸師匠のところに行って、〝なかなか俺は劇場に出る機会がない、このままやと何十年掛かるかもしれない、（染丸の所属する）吉本（興業）で使えるかどうか、テストしてくれ〟と」

染丸とは破門の原因が誤解だったと気がついてから普通に会話を交わす関係になっていた、とは可朝の説明だ。

「染丸師匠が日にちを決めてくれて、劇場のプログラムが始まる前に、吉本の偉いさんに使い物になるかどうかっていうのをテストされた。オーディションですわ。そのときに何をやったのかは忘れたけど、落語やろな。古典（落語）ではない。ウケるために漫談的なことをやった。それで終わったら染丸師匠が楽屋に来て、こうや」

可朝は音が出そうな勢いで親指を立てた。

「〝ギャラも決まったで、出番も取ってくれるで〟って。それで米朝師匠のところを離れて、吉本（興業）に行った。もちろん、それはいかんことやで。でも師匠も分かるわね。劇場から何回も使うように言うてきているのに本出番に出せなかったわけやから」

六八年、松竹芸能から吉本興業に移籍、その際「月亭可朝」に改名している。

「同じ時期に（桂）小春団治も移ってきた。松竹芸能に米朝、春団治がおる。吉本に小米朝、小春団治では格好がつかん。会長の面子で名前を変えさせられた」

〈月亭〉はずいぶん前に引き継ぐ人間がおらず途切れていた屋号だった。

「ワシも知らんかった。吉本（興業の人間）が〝月亭というのがおまっせ、月亭を復活させえ〟って言うんで。名前は別になんでもええわって。アチャコとかエンタツとかで大成功している先輩もおったしな。名前なんかなんちゅうことはない。可朝の〈可〉は東京に三笑亭可楽という人がおって、ワシは好きやったんや。ほれで可楽の〈可〉をもらって、米朝の〈朝〉を下につけた」

酒が入ったこともあるだろう。可朝の舌は滑らかになっていた。

独演会で呂律が回らなかったのは、脳梗塞でもなんでもなく、舌が思うように動かなくなっていたからだ。それは彼が落語、漫談をする場所が減っていたからだろう。こうして彼の話をじっくり聞いてくれる人間もいなかったのかもしれない。もっと話を聞きたいと言うと、明日、競艇に行くことになった。

「俺らみたいな生き方をしようと思ったらな、繊細で気が小さくないといかんねん。繊細でない奴は、崖っぷちを歩かれへん。崖っぷち歩こうと思ったらね、ここは滑りそうやから足をここに降ろそう、ここは小股で歩かなあかんという風に考える。それでみんなから〝危ないところばっかり歩いてまんなぁ〟と言われると、有頂天になるわけや」

帰り際、可朝は「今日は払う」と言い出した。ぼくたち三人、そして可朝が焼肉を食べ酒を飲んでいた。三島で会った後、雑誌で四回連載し謝礼は三万円という話でまとまっていた。焼肉代はそれに近い金額になるだろう。病院まで付き添ったことに恩義を感じていたのか、それ以降、可朝の口から謝礼の話は一切出ることがなかった。

「じゃあ、ありがとうな」

そう言うと、暗闇の中、片手を挙げて軽やかに去って行った。

「博打はシャブや」

翌日、可朝と東海道線の立花駅で待ち合わせをした。約束よりも少し早めに着くと、すでに彼はスポーツ新聞を真剣な表情で見入っていた。立花駅から尼崎競艇場まで無料のシャトルバスが出ている。高架下にあるバス乗り場には年配の男たちが集まっていた。みな示し合わせたようにスポーツ新聞を持ち、鉛のように黙り込んでいた。

バスに乗ると、可朝は窓の外を指差した。

「昔はな、競艇場までの道は人で溢れてたんや」

日曜日ということもあるだろう、シャッターが降りた店が並ぶ人気のない通りだった。尼崎競艇場の入場料は一〇〇円。可朝はＶＩＰルームを手配してくれていた。競艇場を一望出来る大きなガラス窓の部屋で、窓際にはレース結果を表示するモニターが置かれていた。競艇場だと言われなければ、どこにでもある無機質な会議室のようだった。

「どの辺が来そうですかね」

可朝に訊ねると、新聞をテーブルの上に置いた。「この辺かなぁ」とこつこつと叩いて、直近のレースの予想を簡単に説明してくれた。投票の期限を知らせるアナウンスが流れ、可朝はマークシートにささっと書き込んだ。発券は廊下にある自動販売機で行う。

ぼくは適当に「一」「二」「三」と書いて五〇〇円分を買った。可朝が全く推していなかった番号だった。

ところが、それが当たった。

それを見た、可朝は「おっ」と悔しそうな顔をした。彼は千円単位で何枚も買っていたのだが、一枚も当たっていなかったのだ。

この日、可朝は最終レースまで負け続けた。ぼくはもう一度、「一、二、三」を当て、少しの負けで終わった。

「最近はあんまり沢山賭けてへん。これは行けると思うレースでもせいぜい七、八千円。今日は三万円ぐらい負けた」

そして言い訳するような顔でこう続けた。

「ワシ、みんなに言うねん。〝博打はシャブや〟って。博打をやってたから、クスリの方に行かなんだって、自慢すんねん」

「ギャンブルやっているときは気持ちがいいんですか」

ぼくが訊ねると、首を振った。

「苦しいよ。苦しい。だけど、予想している間は安心すんねん。麻薬(中毒)の奴が麻薬打ち続けるのと一緒や」

競馬で一万円を六六〇万円以上にしたこともあるで、と声を大きくした。

「ここからここまでって五点を一万円ずつ買った。それで当たったんで(払い戻しに)行ってみると、向こう側で札束をポンと積んどんねん。あれは何しよるんかなと思っていたら、ワシのところに持ってきよったん。そのとき夕刊紙の競馬担当がおって、現金で六〇〇万も勝つ人は初めて見たと」

自宅に近い、住之江競艇でも大きく勝ったことがあると続けた。

「二千万当たったことがある。そのときは甥とかを呼んで、車を買うてやった。二人。だけどその後に一〇万単位で張ったらすぐになくなった」

もっとも金を動かしたのは野球賭博である――。

野球賭博の要諦は「ハンデ」と呼ばれる数字である。どちらが勝つかだけではなく、何点差になるか、が賭けの対象になる。試合結果からハンデを合算した数字で賭博上の〝勝ち負け〟が決まる。例えば、巨人と阪神が対戦し、巨人勝利でハンデが「一・二」であれば、巨人勝利で二点差以上の勝利ならば客の勝ち。巨人が勝ったとしても一点差ならば、客は「二割」の負けとなるといった具合だ。

「（賭けをした）全試合で負けるというのは、あんまりないんや。これは負け、これは勝ち、これはハンデの分だけ負けとかいう感じ。惨敗することは滅多にない。三つ（の対戦を）行っていて、二つ負けて一つ勝ったら、（負けの分は）消えるからね」

野球賭博はシーズン中ほぼ毎日行われる。そのため掛け金はは自然と大きくなった。〝換金〟は人目につかないホテルの駐車場で行われることが多かったという。

「ホテルの前で、（隣の車の）窓と窓を合わせて停めるねん。それでシューと（窓ガラスを）開けるわけや。それで賭けの（結果が書かれた）紙をお互いに確認する。〝ということは差し引き一千万勝ちやな〟とか。〝一千万負けやな〟と言う場合は、向こうの窓に金を入れるわけや。こっちが勝ったときは向こうが（札束の入った）紙の袋をぱっと開けおる。そしてこっちの袋にどんと入れてもらう。大きなギャンブルやったな。二千万ぐらい、勝つのも負けるのもあっという間やで」

山師でもある可朝は、賭博だけでなく、投機的な事業に手を出したことがある。

彼を贔屓にする客に不動産関係の人間がおり、別荘が良く売れるのだと教えてくれたのだ。そこで「千代田地所株式会社」という会社を設立して、別荘開発に乗り出すことにした。これも例によって、何年に始めたのか覚えていないと可朝はうそぶいた。

「千代田地所」と名付けたのは、会社を置いたビルが「千代田ビル」という名前だったからだ。客は、持ちビルを所有する不動産会社だと信用してくれるだろうと考えたのだ。

これはかなり荒っぽい会社だったようだ。

「奥尻島で二〇万坪の土地を買うた。二〇万坪言うたら広いようやけど、坪四〇〇円で八千万円や。銀行から金借りたで。ギャンブルで金借り慣れておるんやな。それで北海道で牧場できまっせという名目で売ったんや。水道なんてないねん。水の入ったタンクを置いておいて、水道ありまっせと。おもろい時代やったで、現場見んと買う人もおった」

「おもろい社員がおってな。物を売らしたら天才やったな。〝可朝はん、三枝と友だちでっしゃろ?〟って言うてきたんや。なんや思たら、(桂)三枝のファンやいう人がいたらしい。〝隣の土地、三枝が買うてるから隣同士になりまっせという話をしたら、すぐに買いました〟と」

もちろん可朝より二つ年下の桂三枝――現・文枝は土地を購入していない。

この話もどこまで本当かは分からない。ともかく、この不動産会社は、伊勢で販売した土地に瑕疵があった。その補償のため、三年ほどで畳むことになったという。

その後、簡易老眼鏡を製造する会社を立ち上げたが、失敗している。賭博、事業失敗――そして八〇年代後半に夙川の家を失っている。

「自分が買うた家を手放すのは寂しいもんらしいけど、俺は何ともなかった。また買い戻せばええと考えていたからな。しかし、もう買えんぐらい高くなってしまった。昔みたいに金も回ってこんしな。びゅっと売れ出すと金は回る。ほんで冷えてくるともう回ってけえへんやん。でも使う金はいるしな。それなりの贅沢もしたいし、病気のギャンブルもやめられへんやろ？　みんな結局、やめるか、首をくるくるしかない。やり続けているのは俺だけやで」

可朝は胸を張った。

大ヒット『嘆きのボイン』秘話

その夜、ぼくたちは競艇場から戻るとスーパーマーケットで酒や肴を買い込み、可朝の自宅に向かった。彼は市営アパートの六階に住んでいた。入り口には〈在宅〉と表示出来るランプが設置されていた。車椅子での移動を想定しているのか、病院のような横開きの扉となっている高齢者向けの住宅だった。玄関を入ったところに本棚があり、自著の他、落語関係の古い本が並んでいた。廊下がリビングに通じており、寝室と隣接していた。寝室には仏壇があった。

「兄貴が死んだからな」と可朝は独り言のように呟いた。男の一人暮らしにもかかわらず、そして無頼な彼の印象にそぐわない、きちんと片付いた部屋だった。

「ほな、始めよか」

可朝は椅子にどっかりと座ると缶ビールの栓を開けた。

少し話を戻す――。可朝の名前が世の中に広く知られたのは六八年、三〇歳のときだった。

「その日は芸能プロダクションの女社長と一緒にポーカーをやっていた。翌日は（大阪府）箕面のプールで、何かやらんといかん。プルーサイドなんやから、おっぱいとかお尻とかを扱ったら面白いんちゃうかと思った。ポーカーはダウンしたら暇やからな。その女社長のペンを借りて紙にメモした。それでボインの歌をこんなんどうやって、やってみたら、みんな笑ってくれた」

ダウンとはゲームから降りることを指す。可朝はポーカーの合間に思いついた歌詞を走り書きしたのだ。

「節も何にもおまへんがな。フォークソングの全盛期やった。ギターでジャラーンって弾いて、節付けて歌ったらおもろいんちゃうかって。それで梅田の楽器店に行って三千円のギターを買うて箕面に行った。ギターはよう弾かん。音楽ショーのギター弾きがおるから、これ、どこ押さえたらええねんって訊いたら、（フレットに）印をつけてくれた。〝指はここや、忘れたらあかんで〟って。コードを一つだけ習った。Dマイナーや」

可朝が出演したのは、毎日放送の『歌え！ MBSヤングタウン』というラジオ番組の公開録音だった。

「〝可朝はん、（フレットを押さえる）手元を見たらあんで、正面向いて、ちゃらーんってやって歌うんや。そうしたらギター弾けると思うてくれる〟と。節はでまかせや。ほったら、プールサイド（の観客）がウケて、ウケて、もうドッポーンって（プールに）落ちてる奴もおんねん。それで放送局が、〝これ、レコードにしてくれへんか〟って」

これも可朝が漫談の枕で好んでする話である。

「その場で言うてきたんや。レコード出すなんて想像もつかなんだわ。プロデューサーが、〝あんた知ってるよ、米朝さんの弟子やろ、ワシ、米朝さんの友だちや〟って言うねん。それで付いていったら、スタジオの中にパイプ椅子があって、マイクが立ってんねん。〝この間、歌った奴、ここでやってくれ〟って。そんなん節なんか覚えてまんせんがな。そうしたらそのときの録音をスタジオで流してくれて、ああ、こういう方向やったんやと、ジャラーンと録音した」

〈ボインは赤ちゃんが吸うためにあるんやでぇ～お父ちゃんのもんと違うのんやでぇ〉ともの悲しい旋律から始まる『嘆きのボイン』である。

「最初のときは、ジャラーンってコード一つでやってた。その後、音楽ショーの人から〝ティンタン、ティタティタティタティター♪〟ってイントロ教えてもうた。このフレットをこう押さえろと。コードも三つや。デー（D）マイナー、アー（A）マイナー、イー（E）セブン。それ以外は弾かれへん」

可朝があげた三つのコードは、押さえる場所が少なく簡単なものだ。ギターを始めた初日に覚える人間もいる。

「『嘆きのボイン』は、デーマイナーとイーセブン以上いらん歌ですわ。チューニングも全部、人任せ。横山ホットブラザーズがチューニングしてくれた。毎回やから、向こうも分かってはるから、最初から〝ギター貸して〟って。それで、さも弾いているようにジャラーンってやって、高いギャラ取っていた」

可朝は高校時代、ダンスホールに通いつめ、タンゴバンドの下働き——通称〝ボーヤ〟を務めていた時期がある。そのときに、ドラムやベースを習っており、音楽の素地はあった。中学生のときに教師からギターの弾き方を習ったと聞いた人間もいる。ギターを弾けないことをわざわざ〝ひけらかす〟のは可朝の流儀である。

そして可朝の出で立ちもこの頃に定まった。

「うちの親父がいつもカンカン帽で眼鏡、髭やったんや。エッチな曲をやるのは、若造よりもおっさんの方が自然やろ。だからうちの親父みたいな格好をしようって、帽子を被って、黒いペン、眉墨で髭をぴょいぴょいと書いた。そしてレンズのない眼鏡や」

そうしたらバーンと行った、と大きな声を出した。

「最初の印税は三〇〇万やった。最初は〝〇〟を数えへんかったので、三万円やと思った。家に帰って嫁はんに銀行に行って来いって言うたら、小切手で三〇〇万くれた。すぐにホテルに行って高い部屋に泊まって、旨いもの食って、競馬にボートレース、ポーカー。すぐになくなるわな。オケラのパーや。それから毎月三〇〇万が振り込まれた」

『嘆きのボイン』は三〇万枚を売る大ヒットとなった。続けて発売した『出て来た男』（六九年）もそれなりに売れた。落語、漫談の他、歌手として可朝はひっぱりだこになった。

しかし、それは長く続かなかった。

ライバル、立川談志のこと

忘れもしません、七一年のことですわ。

選挙の立候補届け前日から二日間、小倉のキャバレーへ仕事に出かけたんです。キャバレーの仕事というのは、芸人にとって「オイシイ」ものでしてね。というのも仕事が楽な割に、ギャラがよろしい。

その楽な一日が終わって、酒を飲んどったら、「明日、参議選立候補締め切り！」という記事が載っとった。

酔うていたんでしょうな、「選挙に出たろかしらん」と言うてしもうた。

（中略）

やっとのことで立候補の届け出を済ませたら、記者会見ですわ。

「公約として、何を考えておられますのでしょう？」

記者さんから訊かれて、胸を張って答えました。

「一夫多妻制の確立と、風呂屋の男湯と女湯の仕切を外すことです」

その後、言葉を続けようと思ったら、「アホ臭」言うて、みんなおらんようになってしまいよった。


（『真面目ちゃうちゃう可朝の話』）


公職選挙法により、選挙期間中のテレビ出演は制限される。レギュラー出演していた『11PM』『新婚さんいらっしゃい！』等の番組は降板させられた。

もちろん、選挙は落選した。

可朝の芸人としての本質は、このいい加減さにあると見抜いたのは、故・立川談志である。談志は『真面目ちゃうちゃう可朝の話』にこんな前書きを寄せている。

家元（わたし）、サインによく「人生すべて成り行き」と書くが、可朝の人生がそれで、すべて成り行き、その成り行きを度胸とヤケで過ごしてきた人生と見える。

家元も乱暴の部類に入るが可朝やんにゃ敵わない。この〝敵わない〟というのが芸人の華であり、勲章なのだ。

三六年生まれの談志は可朝より二つ年上にあたる。二人は入門直後から付き合いがあった。

「二〇歳ぐらいのときかな？　東京に行ったらワシは談志さんのところに泊めてもらって、同じように談志さんが大阪に来たらウチに来て泊まる。でも六畳一間のアパートですわ、布団は一ながれ（一組）しかない。二人並んで一緒の布団で寝るわけです。あの人、寝るまで落語の勉強をする。そして朝起きたら、ここに足があんねん。先に起きて壁に向かって漫談の稽古しているわけです。勉強はすごいなと。（東京の談志の）家には色んな本、映画の資料、ジャズのテープとかぎっしり」

落語の才に恵まれ、博学な談志に敵わないと思ったことはあるのか――。

ぼくの質問に可朝は強くかぶりを振った。

「勝てないと思いません。でも、ワシはナニで勝とうかと思うようにはなった。あの人とは〝二人会〟を何回もしている。あの人はワシより先輩。だからこちらが先に出る。いつも後から出てきたらやれんぐらい、ウケてやろ、というつもりで出ている。芸人のライバル。談志さんはそれを受けて、かぶせる。そんなええ時代でしたな」

昨日、京都のホテルで彼の落語を聞いたばかりのぼくには、談志と互する姿が想像できなかった。

酒が進むとぽつりぽつりと愚痴、悪口がこぼれてきた。

なぜ吉本興業から離れたのかと訊くと「なんで吉本を辞めたんて？」と声が大きくなった。

「楽屋で博打をしたらあかんという張り紙をされたんや。芸を売り物にするはずの吉本が、芸は関係ないという風になってしもうた。吉本（興業）にいたら、芸なし、才能なしでも仕事があるねん。仕事に困ることはない。ある人に言わせれば〝もったいないな、あんな芸を持っていて〟って。ワシは未練も何もないんや。そっと抜けた。でも考えてみ、吉本がポーンと切ったら仕事はどっからも来うへん。吉本辞めて三年食って行ける奴がおるかって、おらへん。でもワシのところには仕事は来る」

これは可朝の言い分だ。吉本興業に残っていれば、京都の独演会のような不手際はなかっただろう。

吉本興業には彼の弟子にあたる月亭八方がいる。

「八方」とぼくが口にすると、可朝は冷たい笑いを口の端に浮かべた。

「八方とか（桂）きん枝はワシの悪口を言うてきておんねん。八方は〝可朝は借金で逃げてどこにおるか分かりません〟って言いおる。ほんまはどこにいるか分かっとる。だけどワシのところに来たことがないねん」

可朝さんへの悪口は芸人の〝ネタ〟だと思っていました。そう漏らしたぼくに、可朝は「四、五〇年、交流ないで」と首を振った。

「八方は弟子のときに一年間、鞄持たせただけや。鞄持ちさせただけ。落語を教えても舌回らへんから、こいつに教えても無駄やと。落語は教えてへん。みんなの見よう見まねでやっておるんや」

可朝の弟子には、八方のほか、ハッピー、ハッチがいる。

「吉本に八田さんという権力者がおって、八をつけたら可愛がったんや。岡八郎のことも可愛がっていた。それで八のつく名前をつけたんや。ほんならな、八方も自分の息子にハチミツって八をつけとんねん。え？　ワシの承諾？　そんなん、ないない。構わん。誰が管理すんの？　月亭の名前やったら、いつでもあげますよ」

可朝はぼくを指さして「欲しいでっか？」と鼻で笑った。まるで夜店で子どもに玩具を買ってあげるかのような軽い調子だった。

SIEMENS
をカタチに

芸人が老いるということ

後日、東京の関係者から昭和四〇年代と思われる可朝の落語音源を手に入れた。粗削りで、話のテンポはやや前のめり気味ではあるが、勢いがあった。若々しく張った声には色気があり、談志に負けたと感じたことはないという可朝の言葉は負け惜しみではなかったのだと思った。考えてみれば、談志は芸に厳しい男である。その談志と二人会を行っていた可朝が下手なはずがない。

二人の気が合ったのは何となく分かる気がした。談志は矛盾の固まりのような男である。暖かさ、冷酷、愛情、皮肉、優しさ、意地悪、吝嗇――人間の持っている矛盾した性格を膨張させてその軀の中に詰め込んでいる。可朝もまた剛胆のようで、神経が細かい。そして自分の芸については行き当たりばったりに見せることを好みながら、芸のない人間には冷淡だった。

談志は、自分に忠実な一門を構えた。一方、可朝の下には誰も残っていない。落語家としての評価は、事件ですっかり吹き飛んでいた。面白いのはそういうことに全く頓着していないように見えることだ。

彼が気に掛けているとすれば、老いの影だったろう。

談志が看破したように可朝の最大の魅力が「成り行きと度胸とヤケ」である以上、加齢と共に勢い、観客席の反応に対する瞬発力は衰える。

例えば――。

「独演会に来てくれるおばはんたちは、ワシのことをうちのお父さんとタイプ違うわ、そう思って見に来てくれているわけや。怖い物みたさ、珍しい人間がどんな風な考えを持つのか興味がある。それでおばはん連中に〝浮気しなはれ、ばれんようにしなはれ〟〝お父さん以外に隣のにいちゃんもええなと思ったら、それでええねん。隠れて分からんように浮気をしたらええねん。それが身体の中で薬の会社ができひんようなホルモンが出てくる。それが一番ええ薬なんやで〟という話をするんや」

数十年前ならば、この話は、まっとうな人間とは別の世界に住む芸人の〝暴論〟としてウケを取れたかもしれない。しかし、不倫、離婚はごくありふれたものになっている。まっとうな世界に住む人間が抱える狂気は膨らんでいるのだ。

「笑いに衰えは出てきたと思いますか？」

ぼくが尋ねると、可朝はさっと真面目な顔になった。

「退化していると思います」

頷くと「思います」ともう一度、繰り返した。

「若くて、ピンピンと神経が働くときというのはね、そりゃー、爆笑に次ぐ爆笑を取れたもんですわ。どんな大物のお笑いの人間が出てきても、俺が出ていけばそれ以上の笑いを作って、舞台から降りてくる自信があった。絶対に客をひっくり返してやる自信や」

このとき可朝は七八歳――。自分がどのように死んで行くのか想像することはあるかと尋ねてみた。

「死ぬのは心臓（の病気）やろな」

やり残したことはあるかとさらに問うと、

「ええ女、ぎょうさんおるのに、残してあの世に行くわけやろ。まずそれやな」

可朝はフフフと笑った。

可朝が愛したおんなたち

「女っていうのはな、面白い動物で、熱心にこちらから行くやろ、嫌な人やったら逃げたいと思う。そやけど、熱心な分は受け止めたいと思うところがある。あんたのことが欲しいんやという気持ちを強く持って行くことや。自信を持ってな。ほな、女はたいがいは、がらっとこっちに来るよ」

いい女の定義を尋ねると、「頭のいい女やな。ええ反射が返ってくるやろ」という返事だった。ワシが三〇代の頃やったかな、と続けた。

「昔、京都大学の学生を引っかけてやね、その子と一緒に講義を受けたこともあんねん。食堂で飯食うたりとかな。なかなか美人で、エスペラント語まで知っとった。色々と物を教えてくれたりな。そうしたら、あるときプッといなくなった。ワシ、探し回ったんや。その子はアルバイトでキャバレーの経理をしとった。そこも行ったけど、〝最近は来てません〟という話になったんや」

うめだ花月に彼女が現れたのはそれから約一年後のことだった。

「〝可朝はん、面会の方がお見えです〟って言うので出て行ったら、その子や。子ども抱いて、ふっとお辞儀してる。その隣には親みたいなおっさんがおった。やられた、と思てな。これはえらいこっちゃと思って戻ったんや」

可朝は控え室に駆け込み、親しい演芸作家に事情を話した。すると彼は「誰の子か分からんと言い張ってください」と策を授けた。

そして、二人と花月の隣にある喫茶店で対面することになった。

「そのお父さんみたいな人が怖いかと思ったらまた優しい人でな」

彼は、自分は彼女の叔父にあたり、信州で旅館をやっていると切り出した。子どもを産みたいと彼女は彼を頼って来たという。

「私は子なしや、うちで引き取って跡取りにしたいんやと。そしてこう言った。〝可朝さん、今日来たのはお願いがあります。絶対に父親やと名乗らんでくれ〟と。ワシもずるいなぁ。〝いや、そんなこと言われても〟、といちおう言うたわい。でも本当は気が楽になった。収入もないし、その子を育てる自信もない」

男は立ち上がると、勘定を持ってレジに向かった。可朝は「すんません」と頭を下げて二人を見送るしかなかった。

印象に残っているのは、女の表情だった。

「おどおどするわけでもなく、恨めしい顔をするわけでもなく、怒るわけでもなく……その子を抱きかかえて、ワシの方に見せるんや。こいつは薄情な男やけども、お前のお父さんや、これでもう会うことはないんや、という風に」

そう言うと可朝は膝を叩いた。

「賢い女はこうかと。女は賢いに限るなと思ったんや」

ずいぶんと都合のいい話である。

ストーカー事件、そのとき家族は

可朝は芸人にとって女性は芸の肥やしではないと言い切る。

ただし――。

「遊んでいる心がないと、人前に出て、笑わすことはできひん。ワシ、舞台に上がるとき遊びに行こうと思っているから。ふざけて遊ぶんではなくて気を緩めた形に自分を持っていって、お客と対面する」

そんな可朝を泳がせてきたのは、彼の妻である。

『月亭可朝のナニワ博打八景』には、妻との出会いは米朝の弟子時代と書かれている。美人の歯科医師目当てに通っていた歯科医院の待合室で彼女と知り合い、一目惚れしたという。

最初のデートの別れ際、彼女の後ろ姿を見た瞬間、小米朝は「よし、これに決めよ」と決心した。インスピレーションとでもいおうか。この娘はしっかりしている。「世話のかからんやっちゃ」と思い、夫婦になっても生涯連れ添うていけると確信したのだ。

彼女を自分の人生に巻きこんでしまったことに後悔の念はあるという。

「芸人の嫁はんで可愛そうやなと思ったことは沢山あるわな。ワシの嫁になって、色んな経験せんでええようなことを経験したりな。野球賭博で捕まり、新聞に載ってニュースに出る。せんでもええのに選挙にも出た。選挙のときはな、知らん人が一杯家の中に入ってくるねん。目を覚ましたら、そこらに知らんのが転がっている」

「芸人の嫁は、それでもしょうがないと思っているんですか？」とぼくが尋ねると、「君、ワシに説教しているのか」とぼくの目をまじまじと見た後、「それがな、すまんと思てても、改める奴でもないんやなぁ」と、とぼけた顔をした。とぼけたとしか表現できない、何ともいえないいい顔だった。

「選挙なんか二回もやったやろ？」

一九七一年に続いて、二〇〇一年の参議院選挙にも徳田虎雄の率いる「自由連合」から立候補した。このときは、可朝の他、野坂昭如、ドクター中松、佐山サトルなどの〝タレント候補〟を多数擁立している。

「二回目のときは娘が〝パパ、落選やで。当選はない〟と言い切っていた。それでも〝私、選挙応援したことがないから選挙カーに乗せてって〟〝おう、乗れ〟って回っていたことがあるねん。うちの娘は明るくてええ子やねん」

妻との間には息子も一人いる。彼もまっとうな社会人に成長した。

「息子はな、ワシよりもしっかりしとんねん。色んなこと知ってるしな。ホンマは強くて悪い息子が欲しかったんや。そうしたら芸人にしたろと。だけど優しい子やった。そもそも嫁はんが芸人嫌いやねん。嫁はんは家に出入りしている芸人見てるから、こんなんあかんと思ったんやろね。絶対に芸人にせんという考えを持っとる。だから子どもを厳しく育てた。ワシは何もしてない。放ったらかしや」

その家族を深く傷つけることになったのは、二〇〇八年八月のことだ。元交際相手の五〇代の女性からストーカー行為を告発されたのだ。

男と女の関係は外から窺い知ることは出来ない。可朝に一方的な非があったのではなかったかもしれない。ただ、テレビなどに取り上げられる騒ぎとなったことは事実だ。

可朝はこの件になると、神妙な顔になった。やはり家族には様々な影響があったという。

「誰も何も言わん。それで嫁はんに、土下座してすいませんと謝ったらええのか、それとも死んだ方がええのかと訊いたらな、〝決まっているやろ、死になさい〟と言うわけや」

だからこそ、と可朝は言葉に力を入れた。

「苦労をかけた嫁はんや家族に十分な金を持たしてやりたいねん。それは叶わぬ夢やない。ワシが金に焦点を合わしたときは、失敗せん。儲かるねん。ワシにはアイディアがある。そういうのを考えるのが専門や。百発百中でな。そんな中に最近、一つええ話があんねん。内容は秘密や。ただ、資本がいる。だから何人かで出してもらおうと。千や二千（万円）出す人もおる」

そしてこちらをじっと見た。

「おたく、金持ちの息子か？　実家に土地ないか？」

黒ぶち眼鏡の奥の目は笑っていなかった。どこまで本気なのかネタなのか――まさに全身芸人の目だった。

※本取材は二〇一五年十一月から二〇一六年三月にかけて行われた。月亭可朝さんは二〇一八年三月一八日に亡くなられた。本書が生前最後のまとまった取材記事になったと思われる。エピローグも参照されたい。

第二章　松鶴家千とせ
元祖・一発屋の現在

しょかくやちとせ……一九三八年～

浅草・木馬亭の楽屋に彼はいた

五月の爽やかな青空が広がる日曜日の昼前ということもあったろう、浅草の木馬館のある通りは人でごったがえしていた。

浅草は演芸の古都と言える場所である。

江戸時代から近隣の花街、飲食店への客を当て込んだ見世物、大道芸、小芝居の芸人たちが浅草寺裏の奥山地区に集まった。明治に入った一八八四年、一帯は七つの区画に整理。このとき、ほとんどの芸人たちは奥山地区から「六区」に移転させられた。やがて六区は芝居小屋、寄席、演芸場、劇場、遊園地が集まった一大歓楽地帯となった。その後、浅草一帯は廃れ、近年は再開発が進んでいる。街の趣が変わりつつある中、木馬館は古き浅草の名残の一つである。

木馬館の歴史は一九〇七年に遡る。名和靖という昆虫学者が昆虫の標本を並べた「通俗教育昆虫館」がはじまりだった。浅草の見世物小屋に来た人間に昆虫への興味を持ってもらうという目的だった。すぐに経営は行き詰まり、「浅草通俗博物館」と方向を修正。その目玉として一階に設置したのが当時、日本で唯一の回転木馬だった。その後、「木馬館」と名前を変えて、安来節の常打ち劇場として使用されるようになった。

現在、木馬館は大衆演劇の劇場として使われている。この日もけばけばしい色の化粧をした男の絵が書かれた看板が掲げられており、札が差し込まれた派手な色合いの祝い花がずらりと並んでいた。

入口横の壁は硝子張りになっており、名前の由来となった白い馬の模型がひっそりと飾られている。この模型を挟んだところが木馬館の一階を使用する寄席、木馬亭の入り口である。〈木馬亭〉と書かれた赤い提灯が並べられており、この日の興行である〈うたとおわらい〉と書かれたポスターが貼られていた。

ポスターの真ん中にはアフロヘアにサングラスの松鶴家千とせの写真があしらわれていた。〈うたとおわらい〉は千とせが定期的に開いている演芸会である。

開演前に楽屋を訪ねると、小柄で頭のはげ上がった男がちょこんと座っており、テーブルの前にはアフロヘアのカツラが無造作に置かれていた。

「ああ、今日は楽しんでいってください」

ぼくたちの姿を認めると、千とせはすっと腰を浮かせて頭を下げた。

〈うたとおわらい〉は十一時二五分に始まった。アフロヘアをかぶった千とせが短く挨拶、弟子の松鶴家都乃局を呼び込んだ。木馬亭は客席一三〇ほどのこじんまりとした会場である。臙脂色の布が張られた客席は八割ほどの入りだった。

〈うたとおわらい〉は夕方四時まで一〇分から一五分程度で次々と芸人が入れ替わる。千とせは真ん中あたりと最後の二度、舞台に立つという。

出演者は、千とせの弟子と思しき「松鶴家」の名のついた芸人、つやつやと髪の毛をなで付けた年季の入った演歌歌手から素人のど自慢のような人間まで様々だった。後から多くの人間に舞台を経験させるために千とせが主宰している会だと知った。

ぼくたちは千とせに誘われて、彼の出番まで木馬亭の向かいにある定食屋で時間を潰すことになった。

「ここは昔から来ている店なんですか？」

と訊ねると「そうだね」と曖昧に頷いた。

「浅草はずいぶん変わっちゃった。ぼくが通っていたときの人はみんないなくなっちゃったね」

千とせが爆発的な人気となったのは、ぼくが小学校低学年のときだった。

縞模様のスリーピースのスーツ、アフロヘアに金縁のサングラス、黒々としたあご髭で「シャバラバ」とリズムを取り、東北訛で語りかける千とせの姿をはっきりと覚えている。

例えば、こんなネタだ——。

「俺が昔、手袋だった頃、弟は胃袋だった。父さんが紙袋で、母さんは池袋だった」

童謡『かあさんの唄』のパロディである。そして最後に「わかるかなぁ、わかんねぇだろうなぁ」で締める。

黒人ミュージシャンのような出で立ちからは、いかがわしさ、不良っぽさを感じたものだ。それから三〇数年が経ち実際に会ってみると、目の前の千とせは不良どころか、気の弱そうな年老いた男だった。

「なんか好きなものを頼んでね。酒は飲む？　まだ昼間だから早いか？　ぼくはサントリーのコマーシャルやっていたでしょ。沢山ウィスキーを貰って、ガバガバ飲んでいたら、脾臓腫れちゃって、肝臓に来たわけ。もう飲めないんだ」

千とせはソーダ水を頼んだ。炭酸水ではない。昔ながらのソーダ水、である。

ぼくは千とせに薦められるままに、カレーうどんを食べることにした。出てきたカレーうどんは、腰がなくなるほど茹でられていた。カレーは甘めで、ありきたりな表現であるが懐かしい味だった。

天井から蛇が落っこちてくる家

松鶴家千とせ——本名・小谷津英雄は一九三八年一月九日に、男三人女三人、六人きょうだいの五番目として生まれた。戸籍上の出生地は三重県四日市市となっている。

「うちの父は設計技師をやっていまして、役所を転々としていたんです。上（のきょうだい）はみんな福島、うちの弟は満州で生まれている。ぼくもずっと満州か福島で生まれたと思っていたんです。そうしたら戸籍謄本を見たら四日市市で生まれているんですよ。四日市の記憶はまったくないです」

千とせに残っている最も古い記憶は、満州の風景である。

父親は、南満州鉄道——通称「満鉄」に勤務していた。満鉄は日本政府による満州支配の背骨とも言える国策企業だった。

千とせの著書『千とせのわかるかな　泣き笑いのへんな芸人』（けいせい出版／1976年）の中にこんな一節がある。

満州は冬が長くて春や夏や秋はあっという間に過ぎてしまう。だからその他の記憶となると木枯しと、吹雪と、氷の原っぱくらいなものだった。おれが仕合せだったと思えたのは、あの頃だけだった。赤レンガの四角い太い煙突からは煙が静かに立ちのぼり部屋の中はペチカが燃えて温かかった。

一家は煉瓦造りの邸宅に住み、中国人の使用人が世話を焼いてくれた。「マーチヨ」と呼ばれる鈴のついた馬車があり、父親の仕事が休みの日には、みなでマーチヨに乗って出掛けたという。

『千とせのわかるかな』によると、一家は一九四五年二月に父親を残して日本に引き揚げた。終戦の約半年前のことだった。

「そこで働いていた人たちが親父に言ったんです。〝戦争負けるよ〟と。そうしたら親父は〝日本が負けるわけはねぇ！〟って威張っていた。その人たちは〝本当に負けるんだ〟と言い返したそうです。女の子が三人いるから、お母さんは心配してその人たちと帰ることにした。女の子は（乱暴されないように）みんな丸坊主にして、顔を（炭か何かで）塗りたくって船で連れて帰ったんです」

千とせたちは、父親の出身地である福島県に住むことになった。父親はいずれ帰る日のために現在の南相馬市原町に家を建てていたのだ。

しかし――。

「家には土地を守るために父の兄が住んでいました。ぼくたちが行ってみたら家には入れてくれなくて、物置に住むことになった。一つの部屋で一家七人が生活してました。夜中に蛇が天井から落っこちてくる」

千とせは「ダーン、ダーンって落ちてくるんだよ」と、イヒヒヒと顔をしわくちゃにして笑った。

「噛まれたことはないけど、危なくてね」

自分の家のはずなのに、そこに住むことが出来ない。千とせの人生には不運の影がある。『原町市史』によると、街の名前は野場追原という広大な平原の一角に出来た街という意味だという。一八九八年に常磐線が開通し、発着駅となった原ノ町駅一帯は、交通の要衝として発展した。

明治時代後期から大正時代に掛けて、石川製糸工場など十数社の製糸、羽二重などの織物工場が建てられた。しかし織物業の衰退と共に次々と工場は閉鎖。千とせ一家が原町に移り住んだ頃、街の顔は原町陸軍飛行場——通称・雲雀ヶ原飛行場だった。飛行場は一九三六年ごろ開場、次第に規模を拡張。本土決戦特攻隊錬成基地として使用されるようになった。

一九四五年八月九日と一〇日、原町一帯は連合軍の空襲を受けている。『米軍戦略爆撃調査団文書』の「空襲・爆撃データに関する諸統計表」には、飛行場、及び無線送信局を標的として一二二発の爆弾が投下されたという記録が残っている。アメリカ軍はこの年の三月以降に写真偵察機で東北地方を空撮し、爆撃対象を把握していた。

飛行場、無線塔の他、原ノ町駅、帝国金属株式会社原町工場、原町紡績工場などの軍事関係施設は徹底的に破壊された。

千とせにも空襲の記憶がある。

「隠れろって言われて綿の（防災頭巾）を被って、〝学校に行け、公園に行け、道路の溝に入れ〟とか言われてね」

空襲が去った後、山に生えていた松の木に爆弾の破片が突き刺さり、木材として使用できなくなったと周囲の大人が嘆いていた記憶があるという。

八月一四日、日本はポツダム宣言を受諾、翌一五日に昭和天皇が敗戦を認める玉音放送が流れた。七歳だった。

「アメリカに行きたい」

終戦直後、一九四六年六月一日付の『福島民報』では、〈ふえる欠食児（原町）〉という見出しで、原町の食糧不足を報じている。

半商半工の町で耕地はこれから開墾せんとする雲雀ヶ丘が大部分で、専ら隣村からの食料に依存してをり、郡内他の町に比して食糧難は深刻を極めてゐる。その実際は国民学校の学童に直に繁栄し、欠食児童が漸増の傾向にある。

満州に残っていた千とせの父親はソビエト軍の捕虜となり、シベリアに抑留されていた。父親のいない千とせたちの困窮は周囲以上だったろう。

母は六人の子供を育てるために馴れない百姓仕事をはじめた。わづかな土地でどうやって生きていけるだろう。おれは、母を助けるためだったらなんでもやった。田甫の中にも入ったし、畑の草もむしったなかで一番つらかったのは、山で落葉を掻き集めて大きな籠にしょって、山積みにして堆肥をつくる仕事だった。おれは、その頃、貧乏の苦しさの中で、忍耐ということを覚えた。……母の苦しみに較べれば、なんでもない……と。

(『千とせのわかるかな』)

千とせの最も有名なネタにこんなものがある。

「俺が昔、夕焼けだった頃、弟は小焼けだった。父さんは胸焼けで、母さんはシモヤケだった」

童謡『夕焼け小焼け』をもじったもので、文字にしてみると何の変哲もない駄洒落である。芸人に限らず人が吐き出す言葉の後ろには、その人生がぶら下がっているものだ。千とせが見た〈夕焼け〉は何不自由ない満州時代のものだったという。そして母の〈シモヤケ〉は、物置に住みながら、女手一つで子どもを育てた母の荒れた掌だった。

そんなある日、一人の物乞いが現れた。

「軒下に親父がカンカラ（空き缶）を持って立っていたんです。ぼろぼろの格好でね、髭も髪もボウボウ。最初は誰か、分からなかった。父の方もしばらく物置を覗いていたみたいです。家族は自分が建てた家に住んでいるものだと思い込んでいたので、〝なぜ物置にいるんだ〟と」

強制収容所から逃げ出してきたのだと父親は言った。

「一〇〇人ぐらいでシベリアの収容所を逃げ出したみたいです。鉄砲で撃たれた人もいるとか。うちの親父も片方の耳がやけどしたみたいになってました。撃たれたみたいですね」

過酷な体験をした人間によくあるように、父親はシベリアでの体験を心の奥底にある木箱に鍵をかけて閉じこめ、家族に詳しく語ることはなかった。

父親が戻ってきたため、叔父一家はようやく家を明け渡し、千とせたちは物置での生活を終えることが出来た。

原町の無線塔跡一帯には連合軍の電波通信部隊が駐屯していた。『原町市史　旧町村史』にはこんな証言がある。

終戦後、アメリカ兵が原町飛行場に進駐してきた。飛行場の正門のところで日本の子どもたちにチョコレート・チューインガムをくれる一方、日本の飛行機を格納庫前に一列に並べて爆破していた。「ああ、もったいない。おしいなあ」と思って見ていた。

千とせもチョコレートやチューインガムを受け取った一人である。

「ぼくたちが街に行くとアメリカ兵がごろごろいました。向こうはジープに乗ってきてね、優しいんですよ」

千とせの家には真空管の古いラジオが一台あった。接触が悪いのか、しばしば音が出なくなり、叩くと元に戻った。駐屯地に近く、ラジオではFEN（極東放送、現AFN）が鮮明に受信できた。流れてくるジャズ、ゴスペルに千とせは心を動かされた。

「アメリカ兵は最初怖かった。でもその音楽をすごいと思った。周りからは〝日本が負けた国の曲なんか聴くんじゃねぇ〟と言われていましたよ。その通りだと思いながら、なんでこんないいものをやっているんだろうと」

家にあった三本しか弦のないギターをかき鳴らして、同級生たちの前でジャズの物真似をすることもあった。そして、いつかアメリカでジャズを学ぶのだと胸の中で夢を膨らませていたという。

そして福島県立原町高等学校夜間部一年生のとき、ひょんなきっかけから家出することになった。

ネタか真か「たまたま、居候したのが漫才師夫婦の家」

「山雀《ヤマガラ》とか四十雀《シジュウカラ》とか一杯飼っていたんです。ある日、兄貴が帰ってきて〝お前は何もしてねぇーな、鳥ばっかりやっているから〟と鳥かごを壊して全部逃がした。するとそのうち一羽だけ帰ってきたんです。それを見ていた裏のおじいさんが〝この鳥は山に逃げたのに戻って来た。こんなのは滅多にいない。俺に譲れ〟って」

老人は鳥と交換に何か欲しいものがあるかと訊ねた。千とせが「アメリカに行きたい」と答えると、「馬鹿野郎、そんな金はねぇ」と怒鳴った。

「おじいさんはこう言ったんです。〝餅米を一俵、リヤカーに積んで駅で売るから、その金を持って行けるところまで行けばいいじゃないか〟と」

夜の八時に老人から金を受け取り、九時の上野行きの夜行列車に乗ったという。一五歳だった。

この家出のいきさつを千とせは漫談に使って笑いを取ることがある。これには彼が舞台では語らない、うす暗い裏側がある。

「長男がしばらくいなかったので、ぼくは子どもなりに畑を耕したりして家を支えているつもりだったんですね。でも兄貴が帰ってきたら、居場所がなくなってしまった。家から出なきゃいけないと思っていました」

終戦後、急激に復興が進む東京などの都市部と対照的に東北地方の農村は貧しかった。先の見えない地元での将来に見切りをつけたのだ。

「(夜行列車の)固い椅子でいつの間にか眠っていたという感じでしたね。明るくなった頃、上野に着きました。〝着いたよ、上野だよ〟って(乗務員から)起こされて、構内にいたら、新聞を敷いたおじいさんたちが一杯いた。みんなぼろぼろの格好でしたね」

駅には行き場のない人間が寝泊まりしていた。その中の一人が声を掛けてきた。

「お前、家出坊主だろ?」

「いや、違いますよ」

学生服を着た千とせは慌てて首を振った。

「お前、どこに行くんだ」

「ぼくはジャズを習いたいんです」

すると男は「ジャズ？　馬鹿野郎、敵の歌なんか歌うんじゃねぇ」と声を荒げた。それでも何か思いついたのか、下に敷いていた新聞をまさぐると、びりびりと破いて千とせに渡した。新橋の『ショーボート』という店の広告で〈ジャズ教室、歌謡教室〉と書かれていた。

千とせはその足で新橋駅前のショーボートに行ってみると、受付の人間は、〝入学は出来るが、泊まる場所はない〟と冷たく言った。家出少年だと見抜かれていたのだ。

そこにショーボートで歌を習っているという若い女性が通りかかった。彼女は千とせに
「うちの二階が空いているから住めばいい」と言ってくれた。

「それで生まれて初めて都電に乗って、小島町に行ったんです」

小島町は現在の台東区小島にあった停留所である。

「その家には南京虫がいてね、夜中に出て来るの。もう痒くて痒くて。たまに、ぽーんと天井から落ちてくるんですよ。すごいよ。そんな家にいたんだから」

その家に居候したことが千とせの人生を決めることになった。家主が漫才師夫婦だったのだ。

芸人をノンフィクション作品として描くのは非常に難しい。まず気儘で出鱈目な人間が多い。彼らは記録の類いを残すことは稀だ。また芸人の動向を詳しく報じる新聞は存在しない。客観的に足取りを追えないのだ。

そして、彼らは身の回りで起こったことは、すべてネタにする。本当に起こったことよりも、

客にウケることが大切だ。ネタとして昇華する際、都合の悪い部分はそぎ落とされ、様々な肉付けがなされていく。それを繰り返し話しているうちに、自分でも本当に起こったことだと勘違いするようになり、何が本当なのか分からなくなる——。

アメリカのミュージシャンに憧れた少年が歌手になるために上京、たまたま、漫才師夫婦の家に転がり込む。後の黒人ミュージシャンを思わせる出で立ちと漫談の融合は必然であった——。

良く出来た話である。

「本当ですか？」とぼくが念を押すように訊ねると、千とせは「本当、本当」と何度も頷いた。

「千とせさんを連れて帰った女性は今も健在ですか？」

「ああ、安藤絹江さん？　きょうだいはみんな死んだけど、彼女だけ残ってる。話してみたいですか？　電話してみましょうか」

そして、後日、千とせと一緒に会うことになった。

伝説の夫婦漫才師、松鶴家千代若・千代菊

地下鉄の新御徒町駅で千とせと待ち合わせして、絹江の実家、かつて千とせが間借りしていた家に向かうことになった。約束では家の近辺で絹江と合流することになっていた。ところが、

時間になっても彼女は現れない。住宅地で佇んでいるぼくたちのことを不審に思ったのだろう、近所の婦人が話し掛けてきた。下町には濃厚な人間関係がある。その婦人は絹江を知っており、携帯電話で連絡をとってくれた。すると絹江が落ち合う場所を間違えていたことが分かった。

一〇分ほど後、かなりの速度で軽自動車が走ってくるのが見えた。運転席には短髪で赤く染めた頭をした女性が坐っていた。彼女はきびきびとハンドルを操作して車を停めると、扉をどんと開け「ごめん、ごめん」と飛び出してきた。

「いやー、今住んでいる家に来るかと思って、ずっと待っていたのよ。そうしたら電話が入って。急いで来たわよ」

一帯は建て替えが進み、多くが鉄筋作りのビルや家となっていたが、それでもところどころ木造の古い家が残っていた。千とせたちが住んでいた家もそうした一軒だった。通りから入った路地に押しこまれたような木造二階建てで、前には小さな鳥居があった。六畳一間に収まりそうなほど小さい神社だった。

「戦争でも道路を挟んでこちら側は一切焼けなかった。だから火伏せ稲荷だって言われていたのよ」

絹江は神社を指さすと、小気味のいい調子でまくしたてた。江戸っ子のきっぷのいい姐さん、という表現がぴったりの女性だった。

絹江は千とせと出会った日のことを朧気に覚えていた。

「なんで、うちにおいでと言ったんだろうね」と笑いながら首を捻った。

「(千とせが)泊まるところがないとか言っていたんだよね。うちには弟子が何人もいたから、一人や二人増えても同じ、だと思ったのかな」

絹江の両親は松鶴家千代若と千代菊という夫婦漫才師だった。

千代若は一九〇八年に栃木県で生まれた。二三年に大阪で、松鶴家千代八に弟子入りし「千代一」という名前をもらっている。一七歳のときに上京、東雲立坊という相方と立坊・千代一という漫才コンビで舞台に立った。その後、二九年に地方巡業中に安来節一座にいた女性と知り合い、結婚。松鶴家千代若、千代菊として夫婦漫才を組むことになった。

人気漫才師であった二人は各地を巡業して回っている。そのため、三四年生まれの絹江は自分の正確な出生地を知らない。

「(自分が生まれたのは)巡業先だと思うんだよね。姉ちゃんと私を連れて巡業して歩いていたんだよ。あんまりそんときの記憶はないけど、手が掛からなかったってね」

長女の〆《しめ》子は東和子西〆子として女性漫才師となった。

「妹も三味線の杵屋の名取り、踊りは花柳で免許皆伝。お母ちゃんは(家事を)何にもやらない人だったから、誰かがうちを守らないといけなかったの。私がみんなお勝手をやっていたんだもの。当時は洗濯機とかないでしょ？　洗濯板でみんなの洗濯物をやって、肋膜炎になったりさぁ。家賃とか食費？　そんなの誰も払わないわよ」

一階に夫婦と四人の子ども、二階に弟子たちが住んでいた。弟子たちはおのおの眠る時間になると押し入れから布団を出して雑魚寝していた。

「今、考えると一杯いたよね。なんでこんな狭いところに沢山住んでいたんだろうって」

さながら千代若・千代菊の二人を中心とした大きな家族のようだった。

面倒見のいい千代若を慕って、漫才師はもちろん、落語家、多くの芸人が家に集まった。著名、無名合わせて、ほとんどの噺家は遊びに来たことがあるはずだと絹江は胸を張った。料理を作り、彼らをもてなすのは彼女の役割だったという。

千とせが口を挟んだ。

「すごく温かかった。全く見ず知らずの人の面倒を見るなんて、嘘をついているんじゃないかって思われるぐらいだけど、作り話じゃないんだよ」

きびきびと家事をこなす居候の千とせは、千代若の息子だと勘違いされることも多かったという。

「掃除したり、犬の散歩に行ったり。魚屋さんで魚のあらを安く買ってきたり、その隣の八百屋で曲がったキャベツを買ったり。それを大きな鍋で煮るんです。何十人も弟子たちがいるから、一人一人おかずをつけることは出来ない。ご飯も（かさを増すために）大根入れたり、じゃがいも入れたり」

そのうち千とせは、千代若たちと一緒に仕事をしている芸人たちから手伝いを頼まれるようになった。

「〝今日はマジック、奇術をやるからアシスタントが欲しいんだ、お前ついて来い〟って。祭りですね。そこで手伝うとお金をちょっともらえた。アコーディオンの人がいるから一曲歌え、みたいな感じで歌ったり」

祭りで歌うのは、民謡である。

この頃、日本のエンターテインメント業界では、従来の演歌や民謡とは違った新たな波が生まれていた。戦勝国アメリカの音楽、ウエスタンミュージックである。そんな中、千とせは泥臭い世界の中にどっぷりと浸かっていた。

絹江はショーボートからの派遣という形で関東近県のキャバレーを回っていた。

「熱海だのなんなの行っていた。でも金にはなんなかった。衣装は自前、作ってもらうんだから持ち出し。ギャラはみんな会社が取っていたんじゃないの。私は親に面倒を掛けなきゃいいって思っていたし」

千とせにはこうした誘いはなかった。

「ぼくは子どもだったから誰も相手にしなかった。相手にしてくれなかったんです」

小さな声で言った。

「（ショーボートの自主）発表会は銀座でやったんです。でもなかなか（ジャズを歌う）仕事はなかった」

芸人の娘として生まれ、華やかで弁が立つ絹江と違い、福島弁が抜けず地味な千とせはキャバレーから必要とされなかったのだ。

「歌謡曲を歌うと仕事になる。祭りで昔の歌を歌うんです。（旅芸人の）一座で動きますから、北海道、青森から九州、沖縄まで日本全国、色んな街に行きました」

千とせは千代若の家に五年間住み込んだ後、東京を離れている。

千とせによると、千代若から「腕を磨いてこい」と言われたのだが、それを「手に職をつける」と勘違いしたのだという。そこで八戸市役所に勤務していた父親に相談、青森県の理容学校に入学することにした。

漫才師としてデビュー、はじめてウケた

すでに引用したように千とせには『千とせのわかるかな　泣き笑いの変な芸人』という七六

年発売の「自著」がある。

これによると福島から上野駅に着き、新聞の広告欄で床屋に就職、新橋の歌謡学校に通った。そして〈床屋に就職したとだけ知らせてあったので、青森にいる父が、青森の理容学校に入れといって来た。生活の心配はなかったが「やっぱり東京で修行したい」と言うと、「それもそうだ」と父は賛成した〉と書いている。

またこの歌謡学校で千代若・千代菊の娘と知り合い、〈池袋の三畳の間に同居していた三人の友人に別れを告げて、浅草は小島町の千代若千代菊の二階に移った〉という記述もある。

千とせにこの箇所を確認すると、「それは嘘です」と首を振った。

銀紙を丸めたかのように、顔をくしゃくしゃとさせて「これは何か勘違いして書いたんだなぁ」と言い訳した。

「いい加減な本ですよ。忙しい中にゴーストライターが、ばーっと書いたんです」

理容学校を卒業した後、東京に戻ったのは事実ですと言った。

「青森にいたのは一年ちょっと。二二歳で東京に戻ってきて、国家試験の免許を取ったんです。東京では千代若の家にまた戻りました。布団をずっと置きっ放しにしてましたから」

理容学校の友人たちが池袋のアパートに住んでおり、しばしば飯を奢ったという。

「床屋の学校を卒業して東京に出てきたんです。池袋にいるけど金がないっていうんで、慌てて飛んで行ったんですよ。池袋の駅前に屋台がずらっと並んでいてね、牛丼みたいな飯をみんなに食べさせてね。肉って言ってもいい加減な肉ですよ」

「ぼくは祭りに行けば金が稼げた、同級生の面倒を見ていたんです」と、明るい声を出した。

この辺りの話は、著書をまとめた書き手が勘違いしたのか、千とせの記憶が混濁していたこともあるだろう。

時期ははっきりしないが東京に戻った千とせは「西秀一」という芸名を名乗り、都上秀二と「秀一・秀二」という漫才コンビを組んでいる。

西という名字は、千代若の自宅が「西町」であったこと。また、絹江の姉の芸名「西〆子」が元になったという。

「都上秀二は、都上英二の弟子でした。都上英二はあの頃は一流の漫才師ですよ」

都上英二は東喜美江との夫婦音曲漫才で人気を集めていた。五六年から六四年まで現在の漫才協会の前身である漫才研究会の会長も務めている。

「秀一・秀二は女が滑っただの転んだだのという漫才をやっていたね。全然ウケなかった。その他に歌謡ショーの司会をやってましたね」

千とせによると秀一・秀二の解散はあっけないものだったという。

「村田英雄さんの歌謡ショーのお手伝いをしていたんです。あのとき、村田さんは演歌ではなく浪曲をやっていた。村田さんが初めて旅、つまり地方（公演）に行くとき、ぼくたち二人も呼ばれたんです。ところが相棒が来なかった。秀二は師〝匠の運転手で抜けられない〟って言うんです。お〝前、なんだよ〟って。それで一人でやるようになった」

そして六六年頃、松鶴家千とせと改名し、六八年から宮田羊かんと「千とせ・羊かん」という漫才コンビを組んでいる。

「千とせというのは、元々漢字で〈千登勢〉なんです。京都の歌舞伎の女優さんの名前。先代の千登勢さんからその名前を千代若さんが成り行きで貰ったらしい。その人のお母さんが初代、その人が二代目、ぼくが三代目です。その後、宮田羊かんというのが、ぼくと一緒に漫才をやりたいと言ってきた。羊かんって、〈かん〉が平仮名なんですよ。じゃあ、千登勢も平仮名にしようって〈千とせ〉になった。千とせ・羊かんです」

宮田羊かんはミュージカル漫才で人気を博していた宮田洋容の弟子だった。

「二人とも金がなかったから、パンを半分ずつ食べながら、漫才の稽古をしましたよ。三年ぐらいやったら、上手くなっちゃって。新橋演舞場で漫才大会やるときに千とせ・羊かんがリーダーでやってくださいって。そうしたら、わーっとウケた。ところがウケ過ぎちゃったんだよね。相方は〝あんた、千とせとやっていたら、これで終わる。他の人と組んだらもっと売れる〟って言われたらしいんです。それでいきなり〝辞めます〟って。こっちは、ええっ、ですよ。こんなに盛り上がっているのになんで辞めるんだろうって」

千とせによるとこのコンビで「ＮＨＫの漫才コンクールで準優勝したことがある」という。

「二人ともツッコミもボケも出来た。ぼくが台本を書いていたから、羊かんが笑いを取れるようにネタを作ってあげた。そうしたらぼくを食っていた。羊かんは色々と才能ありました。だから、ぼくと別れたほうがいいっていう人がいたんでしょう。あのままやっていたら時代が変わったかもしれない。でも、自分も我が強かったからね」

しかし、羊かんの証言は全く違う——。

千とせの元相方・宮田羊かんを訪ねて

羊かんは現在、鶯谷駅の近く、言問通りから横道を入ったところにある『ようかんちゃん』というスナックを経営している。扉には〈会員制　ようかんちゃん〉〈宮内庁御用なし〉というプレートが張ってある古ぼけた店だ。一見、人生に擦り切れた男たちが安酒をあおってカラオケに興じる、という店に見える。ところが扉を開けると印象は一転する。電気スタンド、ネオンといった青、朱、緑、黄色、様々な色の発光体が店のなかにぎっしりと詰まっている。深い海底にある玩具箱の中に放り込まれたような錯覚に陥るのだ。その品々は無造作に不要品を集めたようではあるが、注意深く見ると良く吟味されて並べられていることが分かる。

「うちは色んな人が来てるよ。一番世話になったのは、先代の中村勘九郎さん。あの人が色んな人を連れてきてくれた。伊藤英明さんとか、米倉涼子、江角マキコとか。ずっと前に何かの番組が終わって、勘九郎さんが女の人と来たんだよ。それで〝林檎ちゃんだよ〟って紹介してくれた。俺はなんのことか分からないから〝青森出身ですか〟って訊いちゃってさ。椎名林檎だったんだよね。そういうしくじりは一杯ある。その後も林檎さんは来てくれたんだよね。帰り際に〝私、林檎です〟って。それで気がついた」

先代の中村勘九郎とは一八代目の故・中村勘三郎のことだ。

青と銀色のラメで模様が入ったジャケットに、青く蛍光色に光るネクタイ。下は青色のタイツの上にうす青色の半ズボン。青と銀色の飾りを頭に巻いて、鮮やかな青色の眼鏡――やや早口でまくし立てる様は、千とせよりもずっと芸人らしい。

「俺はモグラ芸人って言われてるんだ。地上に出てこないってね」

宮田羊かんは一九三九年に仙台で生まれた。中学三年生のときに上京。

「話せば長いんだけど、俺は後妻の子なんだよ。俺がいると先妻の子とお袋たちが揉めるんだ。だから俺は働きに出ることに決めた。高校の同級生の実家が神楽坂で製本屋をやっていて、人手が足らないっていうんだ。本当は義務教育だし、バレたらヤバいんだけれど、その頃は大らかな時代。学校にも弁当持っていってなくて、弁当の時間になったらいつも校庭でぼーっとしていたんだよ。それを校長が見ていて、〝学校に来なくても後から卒業証書を送る〟って言うんだ。だから中学三年生の途中で出てきた」

羊かんは同級生に見送られて仙台を出て東京に向かい、住み込みで働いた。しかし、地道な生活は彼の性に合わなかった。

「〝折り屋〟っていう仕事だったんだ。印刷されてきた紙をベニヤの板を使って折っていく。色んなところに内職を頼んでいてそれを(集めて)リアカーに積んで、神保町まで持って行くんだ」

印刷所では一六頁分など決まった頁数を一枚の大きな紙に刷る。それを折って〈折〉と呼ばれるひとまとまりにする仕事だった。

「今じゃ機械化されているから、そんな仕事はないよ。そのとき、こんなことしていたら、美味い物食えないって思ったの。俺、食い物に貪欲だからね。そこで神楽坂の交差点のところの公衆電話で職業別電話帳を捲ったの。そうしたら宮田洋容という名前が目に入ったんだ。電話してみたら、ラジオのレギュラーが決まったらしくて鞄持ちが必要だって。〝来る?〟って言うから、〝行きます〟と。神楽坂から高円寺まで歩いて行ったんだ」

これもまた良く出来た話なので事実かどうかは判らない。

「こっちはまだ一〇代の少年だからね。〝保証人がいなきゃ駄目だ〟ということになった。田舎の学校の先生に電話したら、お安いご用だって、校長まで推薦状をくれたんだよ。それでツルツル坊主で鞄持ち。(洋容は)漫才オペレッタっていうのをやっていてね、バンドマンを後ろに置いて、喋ったり歌ったりしていた」

羊かんによると、千とせとコンビを組んだのは、地方巡業先でのことだったという。

「北海道から東京に帰るときだったよ。当時は青函連絡船の時代。甲板で千とせの相棒から〝ようちゃん、話がある〟って言われたんだ。東京に帰ったら別の(漫才の)相棒がいるっていうんだ。〝悪いけど、千とせをここに置いておく〟って。千とせは置いていかれたんだ。それで俺と司会するようになった。俺は、都はるみとかの司会やっていたからさ。人が足りないときは一緒に喋ったり漫才していた。それが意外にウケちゃってコンビを組むことになったんだ。あっちは松鶴家、俺は宮田。派は違うんだけれど、俺の時代は自由奔放だよ。喧嘩しちゃ別れ、喧嘩しちゃ別れ。もうしっちゃかめっちゃかだったね」

羊かんもNHKのコンクールで準優勝になったことがあると、きっぱりと言った。

「その前が三位だった。結局、一着は取れなかった。二人で何年ぐらいやっていたかなぁ。定かではないけど、四、五年じゃないかな。長いことやっているとさ、夫婦と一緒で我が儘も出るしさ、合わなくなってくるんだよ」

羊かんが別の人間とコンビを組むように唆されたことでコンビを解散したと千とせは言って

いる、と伝えると「それは違う」と首を振った。

「みんな俺を追い越して売れていったんだ。俺はずっとモグラ続きでさ、それで諦めた。三〇歳だったよ。だって俺、千とせと別れて何をやったと思う？　トンカツ屋の出前持ちだよ。その店に一〇年いて、店長になって、四〇歳のときここで店を開いた。あのときは（漫才を続ける）気力がなかった。俺は、ぱっとやめてトンカツ屋でがむしゃらに働いた」

二人がコンビを解消したのは七〇年もしくは七一年頃だと思われる。この頃、千とせは、浅草で燻っていた若い漫才師志望の男と出会っている。

北野武である。

我が弟子・ビートたけし

千とせによると、北野武と兼子二郎の二人が名古屋の大須演芸場に出演中、弟子入りさせてくれと来たという。

「二人で手をついて〝お願いします〟と言われた。たけしも、まだ子どもだったから真面目にお辞儀してましたよ」

たけしは、千とせの漫才を観たことがあると切り出した。

「都上秀二と漫才をしていたのを知っていると。〝パンチの効いたネタをやっていましたね、ぼくらもああいうのをやりたいです〟って言うんです。ああそうかい、じゃあ名前は、〝松鶴家二郎次郎〟でいいかって」

一方、たけしの著書『浅草キッド』（新潮文庫／1992年）では〈二郎が漫才協団の松鶴家千代若師匠のところへいって『松鶴家二郎・次郎』というヘンな芸名をもらってきた〉となっている。

その後、たけしたちは松鶴家の門下を離れ、コロムビア・トップ・ライトの門下に入り、『空たかし・きよし』と改名。しかし、人気は出なかった。そこで、二人は新たなコンビ名を考えることにした。

「どうにも思いつかないよなぁ……どうしょうか、名前」

2人ともいい加減疲れてきた頃、ふと相方が思い出したように、こんな話をし始めた。

「……いや、オイラさ、ジャズ喫茶でバイトしたことあるんだよ」「ジャズ喫茶？」「それでね、ジャズのリズムに2ビート、4ビート、16ビートっていうのがあってさ」「ふ〜ん、2ビートに4ビートねえ…」

それでピンと来た。

「あれ、ツービートってよくない？」「ツービート？」「ウチら2人だし、漫才はテンポだろ。ツービートっていいんじゃないの？」

（『浅草キッド』）

ツービートとなってから、それまで二郎――ビートきよしが書いていた台本を、たけしが担当するようになった。ここからツービートの快進撃が始まったと書かれている。

この話をすると千とせは強く首を振った。

「ツービートの名前はぼくがつけたの。〝松鶴家というのが嫌だ〟って。なんでって訊いたら、〝NHK（の漫才コンクール）で三番か四番目の（賞）しかもらえなかった。それは松鶴家が古い名前だから〟って言い出すのよ。じゃあ、どんなんがいいんだって訊きました。ぼくが漫才をやっていたとき、テンポのいい、ビートの利いたようなのをやっていた。それで〝ビートの利いたのをお願いします〟っていうから、じゃあ〝ザ・ビート〟にするかって。いや、二人だからツーにしよう。ぼくがツービートにしたんです」

たけしたちがツービートと改名した頃、千とせは漫談家として人気を集めるようになった。

きっかけは外見を変えたことだったという。

「それまで髪の毛は短く、びしっとして（固めて）漫談やってました。でも、これじゃ駄目だとアフロ（ヘア）にするようになった。黒人のコーラスとかの人がそんな頭していたでしょ、あれをやりたいなと思って」

　理容師免許を持っていた千とせは自分で髪をセットすることが出来た。

「割り箸を三つに折って、髪の毛を巻いたの。パーマ掛けるときに使うロットがなかったんだよね。割り箸が一番、キュっと巻けたんです。不揃いだったけどね。それで髭を伸ばして、サングラスを掛けたら、だんだん良くなってきた」

　髪の毛に合わせて、黒人のミュージシャン風の派手なスーツを身につけた。

「全然雰囲気が変わっちゃって、最初はあんた誰？　みたいなもんだったよ」

　千とせは明るく笑った。

　安来節の常打ち小屋となっていた木馬館が彼の主たる仕事場だった。

　安来節は島根県安来市の民謡である。元々は鳥取県境港市のさんこ節が、近隣である安来の花柳界に伝えられて安来節となったとされている。ドジョウすくいの踊りで知られる花柳界の騒ぎ唄である。

「安来節ってね、赤い腰巻き巻いてお姉さんが五、六人ずつ、パッパパッパッて、おしりを振って踊るんだ。エロティックなところもあったね。その後でぼくが出たら、お客さんがさーっといなくなるの。トイレアワー。ションベンしに行ったり、煙草を吸いに行ったり。誰もいないところで二〇分近く漫談をやるわけです。そうやって出ていくお客さんを引き止めて、寝ているお客さんを起こすために、〝イェーイ〟ってやったんです」

千とせは両手でピースサインして、前後に大きく動かした。

「〝イェーイ、わかるかな？　わかんねぇだろうな〟って」

千とせvsたけし「生活保護事件」の真相

最初はうるさいと邪険にされたが、そのうち漫談を熱心に聞いてくれる客が出てきた。

「喉、渇いたろうって牛乳瓶を貰ったり、煙草を貰ったりするようになった」

木馬館の千とせが面白いという話題になり、浅草の芸人たちが観に来るようになったという。

千とせが浅草から飛び出すことになったのは、七五年九月に全日本空輸の機内放送『トライスター寄席』に起用されてからだ。

千とせのどことなく寂しげな口調は人の琴線に触れるものがあった。口コミでその面白さが広がり、テレビ局から声が掛かるようになった。そして七六年五月発売のシングルレコード『わかんねぇだろうナ』は一六〇万枚を超える販売記録となった。『服部セイコー』『サントリー』『日清食品』など名だたる企業のテレビコマーシャルにも起用された。その数は二〇社を超えたという。テレビ番組のレギュラーを多数抱え、睡眠時間は一日三、四時間確保するのが精一杯だった。

しかし、その人気は長く続かなかった。いわば最初の一発屋である。

一方、ツービートは〝毒舌漫才〟で一気に駆け上がり、そこから落ちることはなかった。『女性自身』に〈弟子ツービートの暴言に師匠松鶴家千とせが激怒〉という記事が掲載されている。

この年の元旦から始まったラジオ番組のなかでビートたけしは千とせが生活保護を受けていると語ったのだ。

記事の中で千とせはこの発言に激怒している。

「私が生活保護をうけているなんて、悪い冗談ですよ。シャレだと思いますけどね、でもこたえますね。アタマに来ます」

千とせは、つとめて平静を保とうとするが、ついつい気色ばんでしまう。

（『女性自身』一九八一年二月一九日号）

たけしは『女性自身』の取材に、「生活保護と言ったのはあくまでも洒落である」と笑い飛ばした。加えて「俺の師匠は漫才では松鶴家千代若・千代菊、芝居のほうではフランス座の深見千三郎だよ」と師弟関係を否定した。

そもそもたけしは千とせの弟子なのか――。千とせに訊ねると、「ぼくの弟子です」と強い調子で言った。

「ぼくがツービートを初めてテレビに出してあげたんだもの。山城新伍さんの番組。そのときたけしは素面じゃ出られないって、酒を飲んで二時間も遅れてきたんだよ」

千とせによると、彼の師匠である千代若が周囲に唆され、孫弟子まで自分の弟子だと言い出したことで、混乱してしまったという。

「ぼくの弟子を〝みんな千代若師匠の弟子にしちゃえ〟と言った奴がいるんです。師匠も悪い気がしないから、たけしたちを弟子にしちゃった。はっきりと書いてください。たけしはぼくの弟子で、ツービートはぼくが名前をつけたんだから」

この間、テレビでたけしが自分の師匠は松鶴家千とせだと言っていたらしいと、千とせは嬉しそうな顔をした。

「うちの女房の誕生日に北海道の蟹を送ってきたことがあった。こんなでっかいの。もうだいぶ前だけどね」

たけしが仕事を紹介してくれたこともあったんだよとにこりと笑った。

安藤

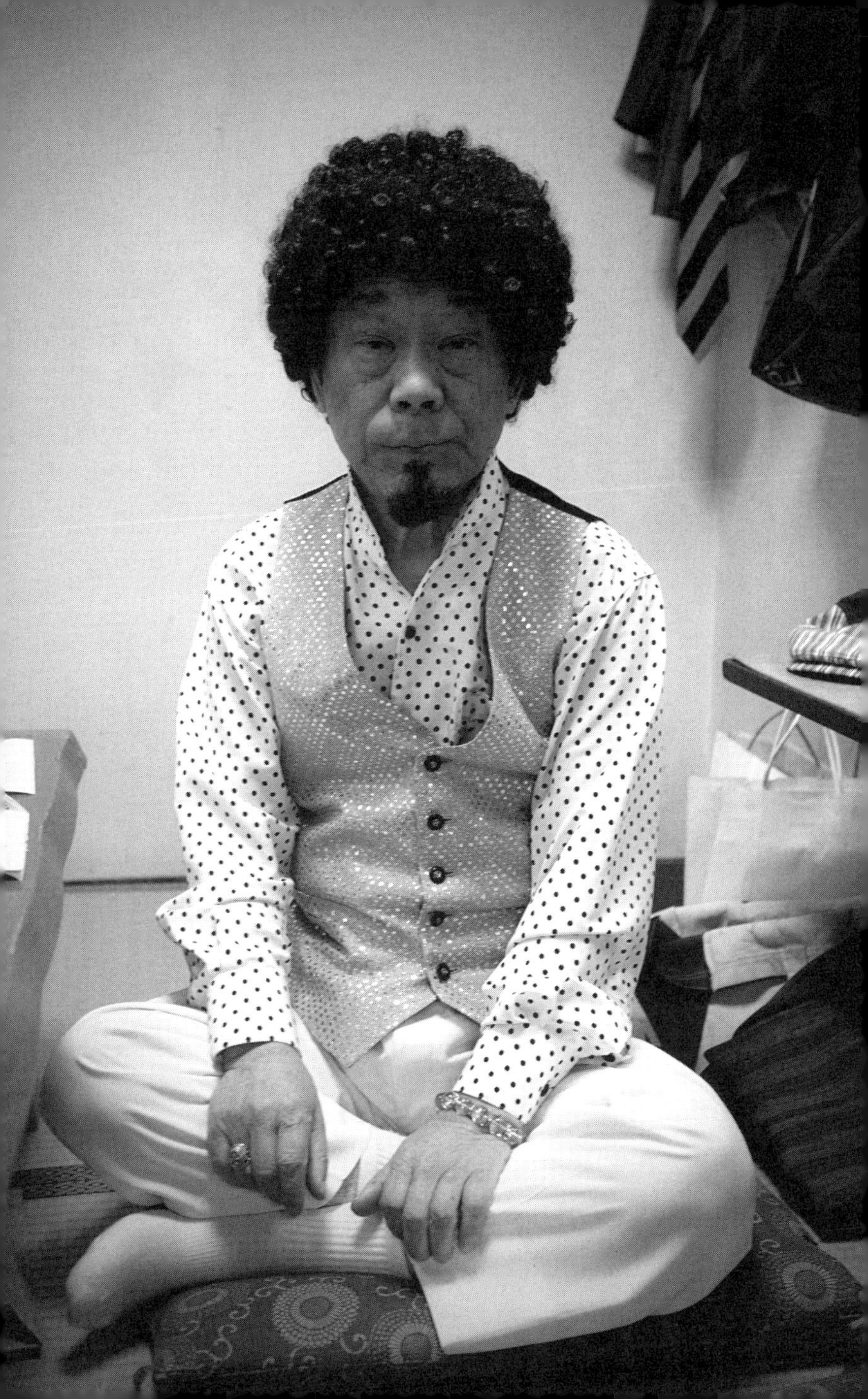

松鶴家千とせ
小谷津英雄
KOHLAN SHOOTING
PATTAYA THAILAND

TOM
赤かぶ

浮気が出来なかった男

客の前に立ち、不特定多数から人気を集めなければならない芸人には何らかの色気が必要である。そのため、男の芸人には〝オンナ〟の話がついてまわる。

千とせも人気絶頂のときには女性からの誘いが多くあったという。

「向こうから来ましたね。でも（浮気は）出来なかった。なんで出来なかったんだろ？　本当ですよ。そういう噂さえ立たなかったでしょ？　ぼく、珍しいんですよ」

千とせは、六二年十二月に三歳年下の千枝子と結婚している。

きっかけは、五月みどりの「歌謡ショー」だった。千とせは五月の歌やお喋りの間で漫才をしていたという。

「葛飾公会堂かなんかでやっていたのかな？　楽屋から出たときに、みんながわーっといて、その中で彼女たちが〝荷物を持ってあげますよ〟って言ってくれたの。姉妹で来ていたんだよ。それでタクシーに乗せてもらって近くの駅まで連れて行ってもらった」

千枝子は葛飾区のお花茶屋に住んでおり、浅草で働いていると自己紹介した。

「浅草に新世界というビルがあってね、そこの麦とろ（を出す店）で、働いていた女性なんです。

浅草だから近い、今度いらっしゃいと言われたのがきっかけ」

新世界ビルは五九年に東急グループが建設した複合的娯楽施設だった。

師匠の松鶴家千代若の家に住み込んでいた千とせは、自由の利く時間が限られていた。加えて女性には奥手。そんな千とせの背中を押したのは、仲間の漫才師たちだった。

「彼女と知り合ってからちょくちょく麦とろへ行くようになった。あの頃、漫才の仲間が一杯いたんです。ぼくが行くと言ったら、〝俺たちも麦とろを食べたい〟とついてきた」

そのうち、彼らは千とせ抜きで店に通うようになった。中には「後から兄さんが来るから」と言ってツケにして帰る人間もいた。

「三、四人でばーっと来て、ご飯食べて帰っちゃう。それが溜まっちゃったの」

その頃、千とせは体調を崩した。

「朝起きたら、目からね、目やにが一杯ついちゃって。そうしたら彼女が〝ちょっとあんた、顔おかしいよ〟って。〝病院行ったほうがいいじゃないの〟と言われたんです。でも、病院なんて知らないし、そうしたら彼女が全部やってくれた。結核かなんかの薬を飲んだら一週間で治ったんです。その金もみんな出してくれた」

そして、千とせは千枝子に引っ張られる形で、結婚することになった。すべて彼女に頼り切り、である。

新居は、お花茶屋の、千枝子さんの実家から遠くない4畳半のアパート。家賃5500円。千枝子さんがそれまでに貯めた5万円は、アパートの権利金と家賃、それに台所用品をあれこれ買ったら消えてしまった。

千とせの姉が贈ってくれた茶ダンスと、彼女が持っていた洋服ダンス、ベビーダンス。ふとんが2組。電気ごたつとこたつ掛けなどは月賦で買った。

（『週刊平凡』一九七六年四月二九日号）

加えて〈麦とろ〉のツケも全て千枝子が精算してくれたという。

結婚後の生活は楽ではなく、千枝子はバーで働いた。長男を妊娠した後は、内職で糊口を凌いだ。芸人を辞めようかと弱気になった千とせを千枝子が励ましたこともある。

子育てが一段落した頃、彼女は新小岩に『美由紀』というおにぎり屋を開いた。カウンターの他、座敷がある店で、近くの割烹料理屋の客待ち、あるいは店の反対側にあったキャバレーで働く女性たちが食事をとるためにやってきた。

しかし、店は一年ほどしか続かなかった。店の片隅で長男を寝かしつけた後、朝方まで店を開けていた無理が祟り、千枝子が過労で倒れたのだ。

その数年後、前述のように千とせの人気に火が付いた。

このときも、千とせを支えたのは千枝子だった。芸能プロダクションには所属せず、千枝子が社長を務める「千とせプロダクション」でマネージジメントを行ったのだ。

前出の『週刊平凡』は〈奥さん　こんにちは〉という連載で、千枝子を〈深夜、夫のネタ仕込みに加わって激論する母親、主婦、マネージャーの1人3役〉と紹介している。

弟子の世話、通帳の管理、全て千枝子に任されていた。

しかし気の優しい千とせと、芸能界に不慣れな千枝子の組み合わせには限界があった――。

「これからは自分が支えるしかない」

芸人とは一度売れると、その座に必死でしがみつこうとするものだ。しかし、千とせは人気絶頂の時期にアメリカ、ブラジル、東南アジアなどの海外公演を行っている。

人気は儚い。しばらく姿を見なければ忘れられる。それにもかかわらず、千とせは自分の人気からわざわざ逃げだしたようにも映る。

千とせは「みんなにね、憎まれちゃった」とぽつりとこぼした。

ある劇場でのことだ。

「ぼくはテレビの出番とかがあるから、やってすぐに出なきゃなんないときがあったんです。すると、前の人がわざとゆっくりと（演目を）やるんです。ポンポンってやれば、間に合うはずなのに、時間をかけるんです。そうなると、ぼくは、あーってなってしまう。時間がないから、もう行かなきゃ、と。それを何回もやられた」

仲間の嫉妬を器用にやり過ごす、あるいはねじ伏せる。対処方法はあったはずだ。

「それまではへっ、みたいなもんでしたよ」

千とせは小馬鹿にするように鼻を鳴らした。

「でもそのときは出来なかった。急に（気が）弱くなってしまったんですね」

千とせには人気稼業を続けていくのに必須のずぶとさ、したたかさがなかった。

仕事が減った八一年にも精神的に参ってしまったことがある。

「舞台に上がるでしょ。でもお客さんが隣同士で何か喋っている。そうすると、はっとするんです。ぼくの悪口を言っているんじゃないかと思っちゃって。こちらを見ないで喋っているから、こっちがどんどん焦ってくる。自分のしゃべりよりもそっちが気になるから、ネタが進まない。ぱっと気がついたら、汗がダラーって流れている。他の客がそれに気がついて〝お前、何をやっているんだ〟と言われると、なお焦っちゃう。翌日も同じ。五分ぐらいで終わって、ばーっと帰ってきちゃった」

千枝子に連れられて病院に行くと、対人恐怖症と診察された。

「その年の十一月ごろ医者に行ったんだね。でも薬はない、自分で治さなきゃ駄目だって。人前に連れて行くしかないって言われたらしい。女房がそれだったらって、翌年の仕事を全部キャンセル。そして銀行から二〇〇万円下ろして正月から競馬場や競艇場に行った。そりゃ、最初は嫌でしたよ。〝なんでテレビ出ていないんだ、仕事していないんだ〟って言われる。そうすると汗をかいちゃう」

千枝子はそうした男たちに立ちふさがると「あんただって、こんなところに来ているんだから、仕事していないでしょ」と啖呵を切った。二〇〇万円を一ヶ月で使い切る頃には、千とせの対人恐怖症は治っていた。

千枝子は千とせにとって大切な妻であり、自分を護ってくれる女神のような存在であった――。

そんな二人の関係に変化があったのは二〇一一年一月のことだ。

仕事で栃木県に滞在していた千とせに、千枝子が倒れたという連絡が入った。

「(千枝子が) 散歩して帰ってきたら、玄関のところで倒れちゃった。たまたま通りがかった人が救急車を呼んでくれたらしいんです。膵臓が悪かったのが、腎臓に来て (足に) 水が溜まったの。足がぶっとくなって歩けなくなってしまった」

現在、千枝子は人工透析を受けており、寝たきりの生活である。

「透析を週に三回は受けなきゃいけない。回復の可能性？　もう無理ですね。あのまま」

千とせは時間があると、自宅のキッチンにある小さなテーブルに坐り、漫談のネタを考えている。そして、チラシの裏に書き留めたネタを読み上げる。

キッチンと繋がったリビングには布団が敷いてあり千枝子が寝ている。彼女はときどき、「しつこいよ、理屈っぽいよ」と反応する。

「いつも聞いているんですよ。歩けないだけで頭ははっきりしているから喋るんです。この間、奥さんが倒れたことをネタにしたんですよ。そうしたら怒っていた。〝それを使うんじゃねぇ。自分はおかしいけど、人が聞いてもおかしくない〟って」

千とせは、笑っているのか、泣いているのか判然としない表情をした。

「世の中、上手く出来ているんだねぇ。奥さんがぼくのことをずっと支えてくれていた。今度は自分がやるしかない。やらなきゃいけないから大変ですよ」

他人事のように冷静に、そして言葉をしっかり噛みしめるような言い方だった。自分を護ってくれた妻と共に最後まで歩む。これも千とせの選んだ道である。

第三章 毒蝮三太夫

日本一の毒舌男

どくまむしさんだゆう……一九三六年～

ラジオ界のモンスター登場

ジャリ、ジャリ、ジャリ――。

耳にイヤフォン、両手で大ぶりのマイクを持った毒蝮三太夫は、その場で腿を上げて強く足踏みして、下駄を砂利にめり込ませた。

「砂利道を踏んで、明治神宮を参拝しているんだ。そんな感じしない？」

側に立っていたぼくは自分に話しかけられたのかと毒蝮の顔をのぞき込んだ。するとTBSラジオの『ミュージックプレゼント』の生中継が始まっていた。本番だからと、毒蝮は声を張ることも、調子を上げることもなかった。

この日の現場は多摩地区南部に位置する東京都稲城市の画廊を併設した喫茶店だった。

「矢野口からよみうりランドの方に登る道があるんだ。その左側にあるギャラリーですよ。画廊のギャラリー。モンゴルの大きな絵があったりする。二五、六年前に出来たっていうから、俺も前を通っていたはずなんだけれど、よく知らなかった。読売巨人軍の選手が来たりしたこともあるらしいよ。島倉千代子、石坂浩二とかが来て、今日は俺が来た。嫌な奴が来たって言われるかもしれないね。ハハハ。そこの駐車場が広いんだけれどね、砂利道なんだ。だから厳かな感じがするだろ?」

砂利道からコンクリートの階段を上るときには「コントリートだと音が違うだろ」とマイクを下に向けて、下駄がコツコツ音を立てるのを拾った。

毒蝮がギャラリーの扉を開けると、大きな拍手が起こった。二〇畳ほどの広さの画廊にはパイプ椅子が並べられており、人で一杯になっていた。

「いやいやいや、こんなに来ているんだ。いやー、広い素晴らしい空間だよ。広いよ。東京ドーム二つ分ぐらいある」

そこからはいつものまむし節である。

——うるせぇな、このジジイ。そこの洞窟から出てきたような顔しやがって。

——(店主にむかって)てめぇが書いた絵をピカソとかシャガールとか嘘ついて売っているんだろ。

——さっき、ここの二階で珈琲飲んだ。美味しかったよ。出がらしが旨かった。

——モンゴルの大きな絵とかあったね。あれは誰の絵なの? 朝青龍がション便している絵。

——ここのスタッフはみんなシャガールみたいな顔してるな。

毒蝮は本番まで人の集まっている中継場所に顔を出さない。簡単な資料に目を通すと、「高齢者の方は来ている?」「この土地で何十代続いている人はいるか?」とスタッフに訊ねる。スタッフたちは予め、来ている人たちに話を聞いて情報を集めているのだ。毒蝮が意識しているのは、その土地の個性や歴史を際立たせることだ。それ以外は「ぶっつけ本番だよ。雰囲気で話をしているだけ」だという。

中継は一五分程度で終了した。

「ありがとう、さようなら」

最後に毒蝮はマイクを勢い良く後ろに放り投げた。それをスタッフが床に落ちる直前で掴んだ。

出演者はすぐに引き揚げ、スタッフが片付けに入るのが普通の現場だ。毒蝮の場合は違う。

「今のは練習だよ。もう一回やるから」と冗談を言うとパイプ椅子にどっかりと腰掛けた。

番組終了後も同じ調子で毒蝮は話し続ける。この日は彼が最も力を入れている介護、老後の過ごし方についてだった。介護保険の支払い金額が居住自治体によって違うことなどを、具体的な金額を上げて説明していく。

「俺は、みんなに若い人に愛される素敵なジジイ、ババアになって欲しいの。医療費ばっかり使って、若い人のことをちっとも面倒みない。そんなジジイやババアにならないようにして欲しいんだ。それでなくても俺たちは、若い人に嫌われがちなんだから」

「喋るっていうのは、人間に与えられた最高の娯楽じゃないの？　俺は下町、貧乏人のせがれだからね。金がないから映画館にも行けない。そういう点で喋るというのは大切だったんだ。俺の友だちに遊郭の息子がいたの。女郎屋の息子。そいつが女郎屋の金をくすねて、浅草に行って鰻をおごってくれた。俺、おごってくれと言うのは嫌なの。〝俺におごるといいことあるよ〟って。相手が俺におごった上で感謝する。逆転の発想だよ。そいつが喜んで連れて行ってくれるから、天ぷらでも刺身でも鰻でも食べられた」

「女郎屋の金で鰻とかを食べていたから、そういう女の人に畏敬の念がある。春をひさいで、俺を元気にしてくれたんだから。それが躾だよね。世話になったんだから」

「金を持っていても使わない奴は嫌だね。持っているから、こっちは期待するじゃねぇか。一方、金を持っていないのに人におごるっていう気前のいい奴もいる。偉いよね。一〇〇万円を持っていても一銭も使わない奴よりも、千円を人のために使う奴の方が金持ちだ。そうじゃねぇか？　金なんか六〇（歳）過ぎたら、そう使うところはないんだ。若い奴に金を使えっていっても持っていないんだから。俺なんか一万円札で鼻をかんでいる。ただ、後から洗うのが大変」

彼の口からは、淀みなく言葉が飛び出てくる。

「手加減しちゃ駄目だ。思い切って言う。うるせぇーババアって」

毒蝮の現場を楽しみに集まってくる人の多くは年配の人間だ。毒蝮の腹蔵のない言葉に、彼ら彼女らはくつろぎ、長年の知己のように話しかける。毒蝮はそれらの言葉を受け止めて、新幹線の切符売り場にいる熟練の職員のように的確に対応していく。

「まむちゃんの話は面白いのでテープにして売ったら」

一人の老女が話しかけたとき、彼の表情がほんの一瞬だけこわばった。そして、「やらない。やらない」と首を振った。

「下町の餓鬼はね、スポットライトを浴びるのが不得手なの。このぐらいの人数がいいの。〈綾小路〉きみまろみたいに何十億も儲からなくていいの。あれは、漫談で売れるまで何年も苦労して出てきた。その代わり、山梨県では長者番付の二位か三位。俺は世田谷区で五番めだけどね。信じるなよ、嘘だよ。俺はこのぐらいの人が、正しく深く理解してくれるのが好きなの」

必要以上に出しゃばらないという、下町っ子の粋である。

彼によると、下町にも階級があるという。

「神田、日本橋、芝あたりは江戸っ子でも格が高いんだ。もともとは城下町って言ってね、〈城〉

を取って下町っていう論法なんだ。俺は下世話だよ。竜泉寺。親父はでぇーくだ」

大工を、でぇーく、と発音した。

「江戸っ子の端くれではあるけどね。遊郭のそばの下町だもの、碌なもんじゃねぇ。宵越しの銭は持たねえっていう言葉があるけど、それは持っている奴が言うんだ。俺たちの周りは、持っていなかったんだから。宵越しの銭は持ってねぇ、だよ」

「ここは絵があって素晴らしい空間だよ。人生に絵なんかなくってもいいんだよ。放送に俺なんていなくてもいいんだ。でもあったほうがいいじゃない？　俺は物を作っているわけじゃない。でもみなさんが会って、喜んでくれたら、それでいいんだ」

毒蝮の話は番組終了後、一時間ほど続いた。

最後にギャラリーの店主に挨拶を促した後、こう締めた。

「帰りがけに好きな絵を一つお持ち帰りください。大きいのは駄目だよ。背中が角張ったりしてばれちゃうから」

どっと笑いが起きた。

毒蝮は控え室に引き揚げると、ぼくの顔を見てにやりと笑った。

「本番よりもちゃんとやっているだろ？　金をもらっている本番の方がいい加減。だからTBS（ラジオ）とか（番組）スポンサーからしたら、厄介なタレントじゃないの。でもこういうのをスタッフが見てね……」

少し間を置いて、こう続けた。

「俺、(日本大学芸術学部)映画学科出身でね。映像作家になりたかった。黒澤明、小津安二郎、成瀬巳喜男……なれるわけないんだけど。映画では〝見切れる〟という言葉がある。カメラに映らない場所のことだ。映画のセットってね、見切れた場所は映らないから普通は色を塗ったりしないんだ。ところが黒澤明は〝見切れた所もちゃんと作れ〟と。役者がそこを歩くと、塗っていない顔になるって。見切れた場所に色を塗って、障子を張ったりするのは無駄だよ。無駄だけれど、本物志向っていうかね、それが大事なんだ」

つまり、毒蝮は、ラジオの〝見切れた場所〟を大切にし、その背中を周囲に見せようとしていた。スタッフに教えているのだと言い切らないのは毒蝮らしい。

声だけが頼りのラジオは、普段隠している話し手の奥底が露わになりやすい。

利口が鼻につく人間、言葉遣いが丁寧でも高みから話をする人間は避けられる。毒蝮の番組が長年続いてきたのは、彼の温かさが伝わっているからだろう。

「今日だって俺に会いたくて来たんだろうけど、頼んでいるわけじゃねぇからな。笑ってくれなんか言っていない。でも、よく笑うよなぁ。ひどいこと言われて。ひどいことを言われたいんだよ。こう言ったら、失礼かなと手加減しちゃ駄目だ。思い切って言う。〝うるせぇーババア〟って」

一気に言った後、「でもその代わり傷だらけになるよ」と悪戯っぽく笑って付け加えた。

「俺のやり方を今の芸人に勧めない。ジジイとかババア、くたばりぞこない、賞味期限が切れている、とか言えば仕事がなくなるもの」

彼の言葉は毒がある。しかし、決定的に傷つけることはない。その差配が絶妙である。

「紙一重のところが聞いていて面白いんだろ？　ここまで言ったら社会問題になるかな、客が怒るかなという、ヤジロベエが面白いんだ。な？　この際どいのを生放送で毎日やっているわけだ。ヤジロベエは落ちたら駄目なんだ。どうして落ちないって？　毎日、生でやっているからだよ。研がれているんだよ。病気して一年休んだりしたら、すぐにこんな風には喋れないんじゃない？　人に会うことが刺激になるんだ」

この日、毒蝮は多摩センター駅前の多目的ホール、パルテノン多摩に移動して、盲人向けのイベントに出演することになっていた。

そこでも毒蝮節は快調だった。

「俺のラジオには目の見えない人とか車椅子の人とか人工透析をしている人が良く来ます。だけど、こういう会に呼ばれたのは初めて。金が欲しくてここに来たんじゃないの。皆さんが喜んでいる顔とその拍手の音が聞きたくて来たの。俺が本当に欲しいのは金じゃない。本当に欲しいのは札（東）なんだ」

「うちのお袋は明治三一年生まれ。今生きていれば一〇〇歳を超えている。千葉で生まれて神田で育ったというたぬきババア。そのババアは、目の見えない同級生の手をとって、一〇年以上毎日、近所の七福神っていう風呂屋に通っていたの。俺にこう言うんだ。〝目の悪い人、足の悪い人、頭の悪い人、顔の悪い人、それはみんなお前の災いをしょってくれたと思いなさい〟って。〝お前の目が見えるのは、目の見えない人がお前の災いをしょってくれたからだ〟って。そう言って、後ろにすっと倒れたから、首締めて殺しちゃったんだけれど」

出演が終わった後、毒蝮は楽屋で打ち上げに参加した。そこでも舞台と同じように軽口を叩き続ける。その後、パルテノン多摩の裏口にタクシーを呼んだ。

「どうだ、俺は取り上げる価値があるか？」

歩きながらも話は止まらなかった。タクシーに乗りこむ寸前、こちらを振り返った。

「松鶴家千とせはどうだった？　あいつ、面白いし、センスあるんだ。歌も上手い。でも何かが足りない。そうだろ？　俺見ていたらそう思わないか？」

そう言うとにこりと笑った。ぼくの渡した松鶴家千とせの原稿を読んでいたのだ。芸人相手にも毒づくのだとぼくは苦笑いするしかなかった。

二〇一六年一〇月、毒蝮への取材はこんな風に始まった――。

ＮＨＫラジオのオーディションに合格、芸能界へ

この頃、毒蝮は月曜日から木曜日まで『ミュージックプレゼント』の中継を行っていた。彼の事務所のホームページにはその週に訪れる場所が記してある。その中からぼくの日程と合う現場に顔を出すようになった。

中継前、挨拶に行くと、毒蝮は「おっ、来たのか」と笑顔を見せた。ただ、それ以上に話し込むことはなかった。終了後、時間が許すときには、近くの蕎麦屋などでスタッフに混じって食事をしながら話を聞くこともあった。「ぼくたちは取材で来ているので自分たちの分は払います」と言っても、気がつくと勘定が済んでいた。べたべたしない、ただ、彼の作る優しい空間にさりげなく入れてくれる。その距離感が絶妙だった。

毒蝮三太夫こと石井伊吉は一九三六年三月に大阪市阿倍野で生まれた。

父の正寅は十一人きょうだいで、何番目の子どもだったか毒蝮は正確に覚えていないが、恐らく五番目ぐらいであっただろうという。実家は横浜市戸塚で農家を営んでいた。

耕地面積を減らさないため、農家では跡継ぎ以外は家を出る。そこで正寅は小田原で寄せ木細工の職人としての修行を始めている。

「二一歳のときに関東大震災に遭って、〝二階の雨戸が全部吹っ飛んだ〟って話をしていたよ。〝小田原は更地になっちゃって仕事もない〟っていうから、大阪に移ったらしい」

名前が正寅だから映画『男はつらいよ』のフーテンの寅じゃないけど、腰の落ち着かないところがあったと毒蝮は付け加えた。

「ふらっとどっかに行っちまう癖があった。大阪に行けばなんとかなると思ったんじゃないか」

そこで毒蝮の母、ひさと出会い結婚。ひさも大震災の後、大阪に避難していたのだ。ひさには亡くなった前夫との間に二人の息子がいた。毒蝮が生まれて一年ほどで一家は品川区中延に転居。そのため大阪の記憶は全くない。

正寅は修行時代、東京の八丁堀に住んだことがあった。そのときに江戸っ子の言葉遣い、立ち振る舞い、短気が軀に染みついたようだ。

『読売新聞』の『時代の証言者』という連載で毒蝮はこう書いている。

1937年（昭和12年）に俺の一家は東京の品川・中延に住み始めた。ものごころついた頃、お袋（ひさ）はおやじ（正寅）によく殴られていたね。お袋は料理がからっきしの上、病気がちで、いい女房じゃなかったよ。宗教に凝っていて、おやじのことなんて構わないし。今じゃ許されないだろうが、態度が気にくわないから、何かあると「ばかやろう」って手が早えんだよ。お袋も気が強いから、「殴るならば殴れ」って向かっていく。よく、家の裏の共同水道の井戸水で、こぶだらけのお袋の頭を冷やしてやったよ。

（『読売新聞』二〇一六年八月十一日付）

戦争が終わった後、一家は台東区竜泉に引っ越している。

「浅草のはずれの竜泉寺。竜泉寺といえば樋口一葉の『たけくらべ』だよ。俺の家も一葉が営んでいた雑貨屋のすぐ近くだった。吉原の遊郭の裏だよ」

竜泉は都電の三ノ輪橋と入谷の中間ほどに当たる。毒蝮はここで九歳から一四歳になるまで過ごした。この竜泉寺での生活が、彼の芯ともいえる部分を形づくることになった。

遊び場の中には「お酉さま」と呼んでいた鷲神社があった。境内で野球をしていると、裏の病院に入院している女性が格子のついた窓から話しかけて来た。

「〝大きくなったら遊びにおいで〟って。着物の前をはだけてね。何のことか分からなかったよ」

恐らく遊郭で精神を病んだ女性が入院していたのだろう。母親のひさが営んでいた「たぬき」という甘味喫茶にも遊郭の女性たちが来ていた。

「お女郎さんがよくお汁粉を食べに来ていた。お袋は話し好きだから、よく親身になって話を聞いていた。その頃にはどんな仕事なのか察しはついていたけど、下賤な商いだなんて思わなかったよ。生きるために必死だったんだから。上の兄貴とお女郎さんだった女性の結婚も持ち上がったぐらい」

通っていた東泉小学校の同級生は、下駄屋、魚屋、八百屋など自営業の子どもたちばかりだった。

「親が勤め人っていうのはほとんどいなかったね」

界隈の言葉遣いも中延とは違っていた。

「下町の言葉だよ。〝おばあさん〟、じゃなくて、〝ババア〟ってみんな呼ぶ。ざっくばらんだよね」

四八年に毒蝮は下谷中学に進学している。最大の娯楽はラジオという時代だった。プロ野球中継、落語、ラジオドラマに耳を傾けた。

その中の一つにNHKの『鐘の鳴る丘』という連続ラジオドラマがあった。これは路上生活をする戦災孤児を主人公にした物語だ。まだ東京には戦争の爪痕が残っていた。上野駅のガード下には多くの戦災孤児が住み着いていたのを毒蝮は覚えているという。

この『鐘の鳴る丘』は三年七ヶ月続く人気番組となり、舞台化が決まった。劇団の人間と付き合いがあったという関係で下谷中学でもオーディションが行われた。毒蝮は仲の良かった友だちから頼まれて、このオーディションに付いていった。

「教室が会場で、渡された台本を順番に読んでいく。一〇人ぐらいの中学生が来ていたかな。俺は付き添いなのに、劇団の人から〝君も読みなさい〟って言われた。俺は落語が好きで、人前で喋るのも嫌いじゃない。はっきりしていて、声も大きいねって、合格。友だちは落ちちゃった」

この『鐘の鳴る丘』の舞台は劇作家の菊田一夫が脚本、森繁久彌が先生役で出演している。四八年一〇月、毒蝮は劇団の一員として東京駅を出て、最初の公演地である鳥取に向かった。列車の窓には硝子はなく、全て板が張り付けられていた。空襲で硝子が割れたままだったのだ。毒蝮によると山陰、四国、愛知、岐阜などを回ったという。

三ヶ月の地方巡業を終えて戻ってみると、周囲からの見る目が変わっていた。

「中学に帰ったらスターだったよ。小学校のときは、学芸会でも科白《せりふ》のない門番の役だった。それからは必ず主役を演じるようになった。生徒会の副議長もやったな」

生来の毒蝮の性格が表に出るようになったのだ。

『ウルトラマン』アラシ隊員、『笑点』の座布団運びになる

中学卒業の頃、一家は再び中延に引っ越している。高校は都立大森高校に進学。児童劇団に

入り、『十代の性典』などの映画に出演している。

五三年公開の『十代の性典』は性に目ざめた女子高生を主人公にした映画だった。

「近所の映画館で封切られるんだけれど、当時としては過激なシーンがあるからって、大森高校の先生は〝観に行くな〟って指導していた。俺自身は男女の付き合いもしたことがない、うぶな人間だったけどね」

高校二年生の頃、大学進学を考えるようになった。俳優としての収入があり、自分で授業料を払えるという見通しがあったのだ。

「考古学者になりたい」という漠然とした希望から第一志望は早稲田大学文学部史学科。教師になることも考えて第二志望は東京学芸大学。そして芝居をやっているのだからと、日本大学芸術学部を受験することにした。

合格したのは日本大学芸術学部だけだった。

「考古学者になる、教師になるっていう夢は潰えた。芸能活動をやりなさいっていう天の配剤かなと思ったよ」

しかし、俳優としては階段を昇ることはなかった。

「映画は年に二、三本。テレビにも出演したけど、回ってくるのはチンピラ役とか御用聞きの役。こんな顔だからね、運動部のキャプテンってのも良くやったな」

五六年、児童劇団の仲間たちと劇団「山王」を立ち上げている。

「山王では、自分たちの世代にしか出来ない創作劇を演じようじゃないかって。最初にやったのは石原慎太郎さん原作の『処刑の部屋』だった。公演中、慎太郎さんが陣中見舞いに来てくれてね。芥川賞を獲ったばかりで、格好いい青年だった。山王は半年に一回のペースで四回公演した。客の入りは悪くて赤字続き。三年ほどで解散したかな」

大学は単位を一つ落として留年、五年かかって五九年に卒業している。就職先として東宝の助監督試験を受けたが落ちている。

このとき、日本の映画産業は全盛期を迎えていた。五八年には観客動員数が十一億二千七四五万人を記録している。ここから映画産業は緩やかに下っていくことになる。

代わって台頭してきたのがテレビである。

「俺は映画育ちだけれど、早い時期からテレビにも関わってきた。テレビの本放送が始まった五三年ごろ、NHKのスタジオに出入りしていた。映画は撮影に三ヶ月ぐらいかける。テレビドラマは単発ならば一週間で作ることもある。だからテレビよりも映画が上っていう意識はずっとあった」

このテレビが毒蝮を世の中に押し出すことになった。

六六年頃、TBS局内の喫茶ロビーでしばしば時間潰しをしていたという。突然、チンピラ役、犯人役が足りなくなったという類いの仕事を頼まれることがあったからだ。「週に一回は手錠を掛けられていた」とは毒蝮の言葉だ。

そして六六年七月からの特撮シリーズ『ウルトラマン』の出演が決まった。

「TBSの担当プロデューサーが俺を指名してくれたって話だ。別のドラマでも使ってくれていたからね。撮影が始まったら、ほぼ休みなし。超ハードスケジュールなんだ。暇で丈夫でギャラが安いから選ばれたんだと思ったね」

毒蝮はウルトラマンと共に戦う「科学特捜隊」の「アラシ隊員」を演じている。『ウルトラマン』は翌六七年四月まで続き、最高視聴率四二・八パーセント、平均視聴率三六・八パーセントという大人気番組となった。

さらに——。

六七年一月、友人の立川談志から日本テレビの『笑点』の〝座布団運び〟の話が来た。

笑点は前年の六六年五月に始まった演芸番組だ。「演芸」「談志とゲストの対談」「大喜利」の三部構成となっていた。中でも人気となっていたのは「大喜利」である。

大喜利とは元々、寄席の最後に落語家たちが集まって、大勢で芸を披露することを指す。談志はテレビ中継用に、お題を与え、その回答の良し悪しで座布団を与えたり、奪ったりするという演出を加えた。

当初、この座布団を落語家が運んでいた。ところが、自分よりも格上の落語家の座布団を引きはがすのは具合が良くないと言い出した。そこで、落語と無縁の男を起用することになり、毒蝮の名前が挙がった。

立川談志は『談志　受け咄』で（三一書房／一九九七年）、久保明と水野久美の主演映画『二人だけの橋』で毒蝮を知ったと書いている。その後、山手線内で偶然、毒蝮を見かけた談志が自己紹介して友人関係が始まったという。

当時、談志は「柳家小ゑん」という名前だった。江戸っ子の気質を持つ二人はすぐに親しくなり、六二年に行った毒蝮の結婚式の司会は談志が務めている。

笑点に出演する経緯については、『読売新聞』の連載『時代の証言者』を再び引用する。

実はその前から、談志には「お前は役者じゃ、仲代達矢になれねえんだから、一人しゃべりをするスタンドアップコメディアンに転向しろよ」って口説かれていた。同い年だから、「このやろー、生意気に」って相手にしなかった。でも、その時は「まあいいかな」と。その代わり、条件を一つ出した。「お題が出たら、俺にも答えさせろ」って。座布団運びだけだったら、何も俺がやる意味がないじゃないか。（中略）

座布団を運びながら、お題が三つあると、そのうち1回は立ったまま俺も手を挙げて、答えるんだ。客には全然受けなかったね。そうすると、談志は「素人はしょうがないねー」って俺をバカにする。その後、（※筆者注　五代目三遊亭）円楽さんが答えたら、こちらも受けない。「素人よりも受けないじゃないか」って、談志がからかうんだ。

（『読売新聞』二〇〇八年八月三一日付）

「毒蝮三太夫」誕生〜盟友・立川談志が命名

なぜ俳優を起用するのだと番組に抗議の電話や投書が来ていた、それを談志が守ってくれたようだと毒蝮は振り返る。収録会場で子どもたちが「アラシ隊員」と叫ぶこともあった。TBSと日本テレビの関係もあり、『笑点』では別の名前を使うことになった。名付けたのは談志だ。

この名前の由来は落語『花見の仇討ち』の中に出てくる浪人の名の一つで、黒煙五平太とか、毒蝮政右衛門とかいる中で、あ奴とTVの寸劇シリーズで家元が殿様赤井御門守、伊吉が家老田中三太夫で時事風刺を演っていたときに思いつき、毒蝮政右衛門と田中三太夫を一緒にしての毒蝮三太夫なのである。

（『談志　受け咄』）

六七年一〇月からはウルトラマンの続編『ウルトラセブン』が始まっている。こちらでは「石井伊吉」は「フルハシ隊員」として引き続き出演している。

『ウルトラマン』、『ウルトラセブン』の二作が俳優、石井伊吉としての頂点となった。

毒蝮に限らず、ウルトラマンシリーズに出演した俳優たちはその後、役柄に恵まれず苦労している。特撮シリーズは大人向けのドラマと比べると格落ちとされていた。子ども向け番組の実績は俳優としての評価に繋がらなかった。また、『ウルトラマン』という高視聴率の番組で付いた印象は強すぎたのだ。

談志は『談志　受け咄』で毒蝮の俳優としての才能がなかったと断じている。

> 何しろ伊吉は芝居が下手なのだ。おまけに発声は引っくり返るは、セリフは覚えられないときているのだから仕末に悪い。あまり役者としての欲がないのかも知れナイ。だからその分他の役者に愛されたろう……。けど下手だ。強いていやあキャラクターだけ…。

もちろんこれは談志らしい愛情の発露だろう。芸に対する慧眼の持ち主である談志は、毒蝮の芸人としての才能を買っていた。

毒蝮を名乗りだして2年ほどたった時、「みんなに毒蝮って名前を覚えてもらったんだから、石井じゃなくて、毒蝮に芸名を変えたらどうだ」と談志が言い始めた。それまでは毒蝮を名乗るのは笑点の時だけで、ドラマは本名の石井伊吉でと思っていたよ。毒蝮じゃ、NHKは絶対に使ってくれないからね。嫌だったけど、「売れなかったら、俺が給料分を保障する」と談志が言うから、話に乗ろうかなって。

（『読売新聞』二〇一六年九月一日付）

石井伊吉から毒蝮三太夫への「改名披露」は六八年十二月一五日の『笑点』で放送されている。母親からは「お前、蛇になったんだってね。人間が脱皮するのを初めて見た」と言われたという。

談志はこう書く。

その歳月に私の想像通り伊吉の仕事は減り、収入は、そう月に五、六万てえところになり果てた……。で、最後にゃ、〝毒蝮ンなりゃぁ収入の保証をしてやらぁ、月に二十万俺が出してやる〟とまで言ったもんだ。

「あんときは、お前の友情に感謝したよ」

と後に言ったが、ナニ、こっちは毒蝮三太夫になれば三十万は堅い、と踏んでいたのだ。

その予想は当たり。

「オイ、札が立つよ」

だとサ、一ヵ月の収入が一万円札が束にするとその札が立つ、と言う訳だ。

(『談志　受け咄』)


毒蝮三太夫という名前は本名よりも彼の風貌、芸風、存在感にぴったりとはまったのだ。

後に談志は毒蝮を「立川談志プロダクション」の社長に据えている。互いに悪口を言いながら、通じ合う二人だった。

この談志は安定とはほど遠い男だった。

六九年、談志は衆議院選挙東京都第八区に無所属で立候補。それに伴い、『笑点』を降板した。

毒蝮もまた談志に義理を立てて、自ら番組を降りた。

すでに『ウルトラセブン』は終了しており、再び毒蝮は仕事を失った。

TBSラジオから声が掛かったのはそんなときだった。

LUKE, I CAN'T SEE...

み

昭和44年当時、文化放送で『午後2時の男』っていう番組がすごい人気を誇ってた。パーソナリティは月の家円鏡（今の橘家圓蔵）さん。中継で商店街とか回って、現場のお客さんをワンワン盛り上げてた。同じ時期に、ＴＢＳがラジオカーって、そこから放送を流せる番組を作ったんで、どうせなら外の中継番組始めて、他局で人気の円鏡さんもひっこ抜いちゃおうってなったんだ。ところが、それが壊れちゃった。さすがに文化放送に義理が悪かったんだろう。で、時間枠はおさえてるし、代役に誰かいないか？　となって、オレにオハチが回ってきた。

（『毒蝮流　ことばで介護』講談社／２０１４年）

毒蝮によると、そもそものきっかけはこうだ。

「暇だったんで、ある番組の麻雀大会に参加してね。そこにいたＴＢＳのディレクターが、駄洒落を飛ばして騒いでいる俺を見かけて、ラジオ番組のリポーターにあの人はどうだろうって、ひらめいたらしい。月曜日から土曜日までの帯番組。またも丈夫、暇、安いの三拍子が揃っていると思われたんだろうな」

この番組——『毒蝮三太夫のミュージックプレゼント』は六九年一〇月六日に始まった。

これが「まむしの毒」の原点

まだまだレコードは高価な時代だった。毒蝮がスーパーマーケット、企業、工場などを訪れ、リクエストされた曲を掛けるという番組だった。ほぼ毎日、午前一〇時半から十一時までラジオ中継車で回ることになった。

当初、戸惑いがあったと毒蝮は振り返る。

「スタジオのマイクでラジオドラマを収録するのは慣れていたけど、現場でマイクを人に向けて生放送するのは勝手が違う。練習はなしでいきなり本番。最初の中継は今も覚えている。練馬の工場だった。一〇月でもう涼しいはずなのに、汗びっしょり。マイクを持つ手も震えが止まらなかった」

話す内容もありきたり、だった。

「みなさんお元気で何よりですね、おじいさん、どちらからいらっしゃったんですか、とか。だって俺は元々俳優だよ。落語家の円鏡さんのように小咄のネタが沢山あるわけじゃない。浅草にいたときの同級生から〝喋りがお前らしくない〟って言われたこともあった」

自分らしい喋りとは何なのか、噺家に負けない話術はあるのか、毒蝮は袋小路に入っていた。

このままでは、首を切られるかもしれない。そんな不安な日々が四年ほど続いた。

一九七三年八月、母親のひさが亡くなった。七五歳だった。

「母親は俺のことを本当に可愛がってくれた。亡くなって、心にぽっかり穴が開いたような状態だった。それでも、いつも通りラジオの生放送はある。その日の現場でも、死んだお袋と同年代の年寄りがいて、元気にお喋りしているんだ。お袋の顔が脳裏に浮かんで、〝俺のお袋は死んだのに、このババアは元気だな〟と思わず言っちまったのが〝ジジイ、ババア〟の始まりだ。お袋のことをよく〝たぬきババア〟って呼んでいた。おじいさん、おばあさんじゃなくて、ジジイ、ババアじゃないと俺らしくない」

放送後、TBSラジオに多くの抗議の電話が来たという。

「番組のディレクターが、〝まむしさんには悪意はなく、ババアは愛称のつもり。下町では日常の挨拶です。全てを聴いて判断して頂ければ〟と答えてくれた。番組のスポンサーも俺を守ってくれた。ありがたいよね」

そこから毒蝮は自分の手法を確立することになる。

「ジジイ、ババア、くたばり損ないって辺り構わず言っているわけじゃない。そう言われて笑って受け流しそうな人、口答えできそうな人をちゃんと選んでいる。本当に弱い人、元気のない人には言わないよ。〝弱い人を思いやるように〟っていうのが、お袋の教えだったからね。俺はあまのじゃくなんだ。普通ならば人に嫌われるような言葉を掛けて、相手に笑ってもらい、また俺に会ってもらいたいと思ってもらえれば面白いじゃないか」

同業者にウケない奴はだめ

現場での毒蝮の言葉を拾ってみる。

「ここはね、駅からバスで二日掛かるという。そんなところだよ。（バスから）日本海が見えるんだよ」

「ここの駅は綺麗になったねぇ。こっちはひでぇーババアになったけど」

「今日は他の従業員はどこにいるんだ？　店が主役だぞ。でも、俺が行ったところはよく潰れるから気をつけろよ」

「後ろに立っている連中は元気なのか？　ん？　こっちは危ねぇ？　向こうから呼んでいる？　呼んでいたら追い返せ。もうすぐ行くからって」

「幾つ？　八三？　じゃあ、俺より先輩だ。元気でやれよ。あと、二、三日でいいから」

彼によると「勉強したわけじゃないけど、人と話していると自然に頭にはいっている」ため、各地の事情に明るい。出身の人間、特産物、名所などの情報が次から次へと出て来る。

例えば、西荻窪の銭湯『天徳湯』での現場――。

「西荻っていうと、安藤久蔵さん。一〇五歳かな。商社マンをやっていたのだけれど、珈琲を商社が安く買って高く売っているのが頭にきちゃって、自分で輸入始めちゃったの。それで自分で炒って、喫茶店なんかに配っている。和歌山出身の人でね。この辺、自転車で走っているから見たことあるんじゃない？」

「この辺は空襲あった？　三鷹に中島飛行機があったから、空襲があったろうね。掩体壕《えんたいごう》やなんか残っているものね」

掩体壕とは、装備や物資、機材などを空襲から守る施設のことを言う。武蔵の森公園に、飛行機を守るために作られたコンクリート作りの掩体壕が二つ残されている。

彼の番組に通底しているのは、消えつつあるものに対する愛惜である。その一つが銭湯である。週に一度程度の割合で中継現場にに銭湯を選んでいた。

「風呂屋は大変だよ。三分の一ぐらいの数になっちゃった。でも、なくなることはないよ。この下駄もおんなじ。昔は下駄屋は町内に必ず一軒はあったけど、もうない。でもなくならない」

しかし――。

この『天徳湯』は放送の翌二〇一七年七月に廃業している。

また、狛江市の自動車販売店ではこんな風だ。

「ここは（狛江市）和泉本町だよね。近くに覚東っていうグラウンドがあったの。そこでよく野球やっていたの。覚えるという字に東って書くのかな。変わった名前だなと思って。あと三船プロがあったよな。そういや野川では泳いだ？　鯉がいた？　そうかい。ロマンがあるね」

小売店が連なる古くからの商店街にも毒蝮は優しい。

「年寄りは大型スーパーとか行っても、どうやって買ったらいいか分からないんだよ。しゃべらないし、顔と顔を見合わせない。商店街の人間は、みなさんとフェイス・トゥ・フェイスなんだ。やっぱり商店街がないと困ると思うんだ。大きな（量販）店で買ったものでも、近くの電器屋さんで直してもらったりすることもあるでしょ？」

蘊蓄、気遣いの言葉は時に押しつけがましく響く。毒蝮がその陥穽《かんせい》にはまらないのは、そこに笑いをまぶしているからだろう。

地元の商店街、御台橋商栄会の若手を励ました後、こう結ぶ。

「どうぞみなさん一つ、商店街を使ってあげてください。喜多見の商店街に行ってあげてください。あっ、成城の方が安いですから」

わざと近隣の商店街の名前を出して笑いを取るのだ。

毒蝮はいい話をした後、必ずそれを混ぜっ返すような〝オチ〟をつける。それについて毒蝮はこう説明する。

「それはね、俺が飽きちゃうから。俺が飽きるということは客はもっと飽きる。自分に対する活性化だな。そもそも自分が飽きるような話しかしていないのに、客に分かっているだろうという感じの人間が多いんだよ。とっくに客が飽きているのに本人が気がついていない。自分が面白いと思ったときでも客は飽きている。それぐらいだと思ったほうがいい」

「俺たちというのは、ある意味人から妬まれる商売なんだ。無から有を作る。一〇〇円のところを千円取るようなものだろ？　〝おはようございます〟って言うだけでも、なんか味があるとか、なんか面白いとかがあって、聞いちゃうよねってならないといけないんだ。よく〝横断歩道を渡ってください〟って言うだろ。それだけじゃ面白くない。誰も聞きゃしない。だから俺はこう付け加えるんだ。〝横断歩道を斜めに渡る。これが近いのよっていうババアがいる。でも、それはあの世への近道だよ〟って」

一気にまくしたてると、毒蝮はぼくの顔を見た。

「ところで、俺は面白れぇーかい？」

取材している間、この問いを何度か受けた。毒蝮は自分が時流から取り残されていないか、常に気にしていた。ぼくの答えを待たず、こう続けた。

「昔、〝俺がやんごとなき皇室関係者じゃなくて良かったな〟なんて話をしたことがあるんだ。〝そんな人だったら握手も出来ないぞ、側にも寄れないぞ〟みたいなことを言った。そうしたら

〝良くあんなことを言うわね、右翼がいたら刺されるわよ〟っていう人がいた。でも刺されていないよな。この際どいのを毎日やっている。際どくないと同業者が俺のこと、気にならない。素人は甘いんだ。談志は同業者にウケない奴は嫌っていたね。素人にウケようとする奴はせこいってね。雑誌でも芸能人でも同業者の評判が大事なんだ。素人を狙っている奴は飽きられる。店だってそうだ。一過性で流行った店は潰れるかもしれない。ちゃんとした旨いご飯、天丼を出しているようなところには客はわっと押しかけないけど続いている。どっちを選ぶかだな」

そして、にこりと笑った。

「俺はどちらかを選んだわけじゃない。ただ、生きているなりにやっているだけ。どうだ、俺は取り上げる価値はあるか？」

伊吉少年九歳、東京の空にB-29を見た日の記憶

二〇一七年一月八日、毒蝮は浅草5656会館のステージに立っていた。

「やー、どうも、どうも。良くいらっしゃいました。日曜日だというのに、よっぽど暇だったんだろうな」

毒蝮三太夫が満面の笑顔で話し掛けると、観客席から拍手が起こった。

この『世志凡太と仲間たちコンサート』が二〇一七年の仕事始めだった。

「俺は浅草と縁があるから今日は呼ばれたんですよ。七二年前、ここ浅草は東京大空襲で一〇万人の人が死んでいるのよ。隅田川には焼け出されて逃げ場所のない人が飛び込んで死んだりして、土左衛門がいっぱい流れていた。俺は品川でその空襲を見ていたんですよ。こっちの方（の空が火事で）が赤くなっているなぁーと思って。九つだったからよく覚えている」

ラジオでも毒蝮はさりげない形で戦争を話題にしてきた。

その根底には彼の考えがある――。

彼は一九四一年の太平洋戦争が始まったことを朧気に覚えている。

「（品川区）中延にいたとき、〝西太平洋においてアメリカ、イギリス軍と戦闘状態に入れり〟という臨時ニュースを覚えている。ああ、これから戦争になるんだなと」

毒蝮の一家は中延の同潤会住宅に住んでいた。同潤会は関東大震災の復興事業を目的として設立された財団法人である。渋谷や青山の同潤会アパートは高級住宅として人気を集めた。しかし、中延の同潤会住宅は何の変哲もない木造の長屋だったという。

戦争が進むうちに、延焼の恐れがあると中延の同潤会住宅は取り壊されることになった。戦車に引っ張られて、自分の住んでいた家が倒れ、大量の埃が空中に舞った。それを見て、毒蝮は「焼けてもいないのに家を壊すのが戦争か」と思ったという。

東京大空襲を目撃したのは、戸越にある二階建ての一軒家に移り住んだ後のことだ。

「家の前に防空壕を作って、空襲が始まるとそこに入った。うちの親父は大工だから防空壕を作るのが上手いんだよ。東京大空襲のときは、品川から見て、向こうの空が真っ赤になっていてね。B-29が空一面で雨あられと焼夷弾を落としていたんだろう。こっちにも来るかと、俺は防空壕を出たり入ったりしていた。その日はこっちには（空襲は）来なかった」

毒蝮の住んでいた一帯が空襲を受けたのは、一九四五年五月二四日未明のことだった。

「空襲警報が鳴り、焼夷弾が降ってきたので、お袋と一緒に逃げた。木造の家が焼けると、ものすごく風が舞うんだ。あの辺りは（木造住宅が）密集してきたからね。桐ヶ谷の空き地まで逃げたんだけれど、目を開けていられないんだよ」

慌てて出たために靴を履いていなかった。途中、落ちていた革靴を拾った。片方がえらく重いと思って、良くみるとちぎれた足首が入っていた。毒蝮は無我夢中でその足首を放り出し、足を入れて走った。

辺りは火の海だった。火の粉と煙に巻かれながら、こんなに苦しいのならば死んだほうがましだと弱音を吐いた毒蝮に対して母親は「生きるために逃げるんだ、そんなこと言うもんじゃないよ、馬鹿」と叱った。

「お袋は気丈だったね。そのときにね、昔のセルロイドで出来た水中眼鏡を俺にくれたの。それを掛けて目が痛くなくなった思い出がある。俺は水泳を近所で習っていたから、たまたまお袋がそれを持って逃げていたんだろうね」

この日、約五〇〇機のB29が爆撃を行い、死者七六〇人、六万戸の家屋が全焼したという記録が残っている。

翌日、自宅の近くに戻ると一面が焼け野原となっており、自分の家のあった場所も定かではなかった。一つの防空壕が目に付いたので、開けてみると、五人ほどの人間がこちらをじっと見ていた。空襲が終わったのにどうして防空壕から出てこないのだろうと首を傾げた。しばらくして、彼らが動かないことに気がついた。暗闇の中で彼らの肌は蝋人形のように白かった。火傷もなく、血も流れていないのに人が死ぬということが不思議だった。

「戦国時代って、〝遠からんものは音に聞け〟と（名乗りを上げて）、武器を持っていない奴とは戦わなかったじゃない。武器を持っていない百姓、おんな子どもは殺傷しないというのがルールだった。でも大東亜戦争の最後、アメリカは無抵抗の人間を無差別に殺したんだ。俺の周りでも町内会で具合の悪い人、逃げ遅れた人が死んだ。要は弱者ですよ」

毒蝮は語気を強めた。

「アメリカの人間は日本は真珠湾を攻撃したっていうけど、真珠湾は軍港だよね。不意打ちだったかもしれないけど、彼らは民間人ではなく、戦闘員なんだ」

空襲の日、B-29が連隊を組んで悠々と空を飛んでいる姿が毒蝮の頭にこびりついて離れない。

「日本の対空砲は届かない。迎撃されないことを分かっているんだもの。（アメリカ側は）戦争を終わらすために原爆を落としたとか、空襲をしたとか言うけど、裸同然で無抵抗な人間を刺し殺したようなもんだ。このように、戦争って、卑怯にならざるをえないものなんだ。そのことを俺らは伝えなきゃならない」

空襲の日、家を空けていた毒蝮の父も無事だった。家を失ったため、父の実家のある神奈川県戸塚に疎開することになった。

しかし、そこも落ち着ける場所ではなかった。

役者になった原点――思い出の「コーリャン飯」

「空襲を受けたとき、同級生はみんな学童疎開でいなかった。今から考えると、元々、うちは親父のところに縁故疎開するつもりだったんだろうな。ところが、もたもたしているうちに空襲に遭っちまったんだ」

しかし、口減らしのために家を出た正寅たちは、招かれざる客だった。

「山の途中に、親父が掘っ立て小屋を建てた。水も電気もガスもない。親父は東京で働いているから、お袋と二人でランプ生活だよ。俺、ランプ磨くの上手かったんだよ。ランプ点けると煤けるじゃない。毎日のようにそれを磨いてね」

俺たちは穀潰しだったんだよ、と毒蝮は、淡々と言った。

「田舎に行けば飯でも食えるかなと思ったら、田舎だって（食料が）ないんだ。それでコーリャンを俺んちに分けてくれたんだよ。馬の餌だよな。悪意があるわけじゃないんだ。食べるものがない中から分けてくれたんだから。それでお袋はコーリャンと麦を一緒に炊いたものを、握って弁当として持たせてくれた。俺は二キロぐらい離れた小学校に通っていたんだ」

コーリャンとはイネ科の一年生植物である。秋になると一つの穂から三千粒ほどの赤色をした小さな実をつける。コーリャンは中国での呼称で、日本ではモロコシと呼ばれることもある。米や小麦の育たない痩せた土地でも栽培可能なため、食料や飼料に使われていた。

昼食時間になり、毒蝮がおにぎりを食べていると、級友たちが指をさして笑った。

「お前、なんで赤飯食べているんだ。何かのお祝いか？」

コーリャンの混じったおにぎりは赤かったのだ。

（馬鹿野郎、赤飯じゃねぇよ）

毒蝮は心の中で呟いた。

「今日は戦争に行っている あんちゃんの誕生日だから赤飯なんだ」

事も無げに言い返した。

「でも、昨日も赤飯だったじゃねぇか」

「昨日は母親の誕生日だった」

「一昨日も赤飯だったよな。毎日、赤飯食っているじゃねぇか」

この野郎、と毒蝮は心の中で拳を固めていた。

「奴らも赤飯じゃないというのは分かっている。いじめだよ。だけど、俺はこう考えた。ここで赤飯をばらまいて、とっくみあいの喧嘩をすれば、俺の気は済むかもしれない。でも作ったお袋はどう思うだろうか」

そこで、おにぎりをほおばって「あー旨い、旨い」とむしゃむしゃ食べることにした。

「コーリャンなんて固くて旨くもなんともないよ。でも旨そうに全部平らげた。近所に一緒に学校に通っている友だちがいたんだ。家に帰ったとき、お袋に今日学校でこんなことがあったって教えた。それを聞いたお袋がすごく喜んだ顔をしたのを覚えている。そのとき、〝芝居をすることは人を喜ばすんだ。辛いことも笑えるじゃねぇか〟って、思った」

それが役者になった原点かもしれねぇなと、毒蝮はぽつりと言った。

戦争の話をするときだけは、いつものように混ぜっ返すことも、話にオチをつけることもない。

話を浅草の5656会館に戻す――。

舞台の上での彼は戦争の話題を深く掘ることはない。しつこくしないのが彼の流儀だ。昔話を交えてさっと笑いをとった後、こう話を締めた。

「今日は寒いですから、風邪を引かないように。風邪を引いていらっしゃる方は早く治りますように。また引いていません方は、早く引きますように、心から念じております」

いつものまむし節に観客席から笑いが漏れた。

「最後に、此処にいらっしゃる皆さん方の幸せ、此処にいらっしゃらない方の不幸をお祈りします。はい、どうもありがとうございました」

満面の笑みで、毒蝮は手を振った。

「ラジオが天職というか、人に会うことが天職なんだよな」

毒蝮にはどんな風に人生を閉じていくのか考えたことがあるか、と何度か問うた。しかし、彼はその度に話を換えた。老い、衰えから敢えて目をそむけているかのようだった。

彼は二〇〇五年の大晦日に激しい腹痛を覚え、計四〇日間入院している。当時は腸閉塞と発表されたが、実は大腸癌だった。八時間に及ぶ手術で癌を摘出、転移はなく完治した。

今も毒蝮は精力的に仕事を続けている。しかし、確実に彼の歩く速度は遅くなり、頑丈が売りだった軀も確実に弱っている。

「うちのかみさんは〝もう何十年もやったんだから、ラジオやめてもいいんじゃないか〟って言うんだ。でも、周りの人は〝（仕事を）辞めたらボケちゃうよ〟って」

毒蝮にはラジオというメディアへの思い入れがある。

「ラジオって災害に一番強い、素晴らしいメディアなんだ。もっと宣伝して聴く人を増やしたいというのはあるよね。俺のラジオって王道のラジオじゃない。（スタジオではないロケーション現場からの中継という）見えるラジオというか触れられるラジオ。これは俺が火を消したら、なくなっちゃうんじゃないかと思うんだ。継ぐ奴はいないから。やれるうちはやろうと」

二〇一七年から『ミュージックプレゼント』は週五日から四日に、そして二〇一八年四月からは週一回となった。

「安心、安全が大事って良く言うけど、俺はそこに安定が入ると思うんだ。名前や事務所、仕事を変えちゃったりする人って良くいるでしょ。俺は、結婚も一回だし、番組も長く続いた。安定しているんだ。俺は貧乏人のせがれだから、居心地のいい空間を作るのが上手いのかもしれない。俺、十二歳からこの世界に入っている。芸歴の話をすれば、鼻につくぞ。でもそうじゃないだろ？　みんなから〝まむちゃーん〟、なんて呼ばれている」

毒蝮の話を聞いていると、天職という言葉が頭に浮かんでくる。

「いや、ラジオが天職というか、人に会うことが天職なんだよな。放送していないときだって、喋っているだろ？　考えてみたら変なもんだよ、あれは。（中継後は）マイクないんだから。本当はスタッフだって帰りたいんだ。でも、そこに集まってくれている人がいるじゃない。俺に会って力を貰ったとか、嬉しいと言ってくれる人がいると話しちゃうんだ。俺の現場ではマイクが主役じゃないよ」

天職と言えば、毒蝮は普段、自分は俳優であると自己紹介している。しかし、ときに自らを芸人だと名乗ることもある。

毒蝮は「俺は今でも俳優としての自分に限界なんか感じたことはないよ」とうそぶく。

「俺はフーテンの寅さんをやりたいと思っていたんだ。まむしの寅さんをね。場所は柴又じゃなくてもいいからね」

でもね、と彼は一息置いた。

「俺はずっと毒蝮三太夫を演じているかもしれないね。毒蝮だと、〝うるせぇ、このババア〟とか〝くたばりぞこない〟とか言いやすい。言われた方も、〝まむしに噛みつかれたんじゃ仕方がない、蛇だもの〟って。（本名の）石井だったら、出来ねぇかもしれないな」

そういえば、石井伊吉と毒蝮三太夫は、将棋の駒の表裏のようなものかもしれねぇなと、と呟いた。

「石井っていうのは、〈歩〉だよ。で、裏返すと、毒蝮になる。これは〈と金〉だ。毒蝮っていうのは、〈金〉と同じ力があるんだ」

将棋の〈歩〉は、基本的に前に一マスしか進めない非力な駒である。歩が〈成る〉、つまり裏返すと、〈と〉に似た文字が書かれている。これは〈と金〉と呼ばれ、〈金〉の駒と同じ扱いとなる。

「歩では真っ直ぐしか行けない。でも金になると何でも出来る。石井じゃ出来ないことが、毒蝮だと出来る。だから罵詈雑言が吐ける。談志が俺を〈成る〉にしてくれたんだ」

談志は前出の『談志　受け咄』の中でこう書いている。

もう一つはこ奴のあまりと言えば馬鹿々々しさ、面白さ、それは粋とか、洒落ている、とかとはまるで違う次元の代物で、何んというのかなぁ、ナンセンスがそれに近い表現になるのだが、それをもっと超越した、呆れ返ったバカバカしさなのだ。（中略）逆に言やぁ、一番求めていた芸能の本質をマムシの野郎は持ち合わせていたのだ。

毒蝮は自らが認めるように本はほとんど読まない。教養、知性は一定以上の読書量と、その入力情報を自らの脳内で反芻し思索する時間を必要とする。まどろっこしいことが大嫌いで、考える前に走り続けてきた毒蝮はその意味では教養人ではない。だからこそ、庶民の気持ちに寄り添えてきたとも言える。ただし、彼らの感情はときに問題の本質とかけ離れ、そして視野狭窄となる危険性がある。それを毒蝮はやじろべえのように揺れながら、笑いで乗り切ってきた。

馬鹿馬鹿しく、人を喜ばせる——談志が看破した通り、この男こそ芸能の本質を内包した本物の芸人なのだ。

第四章　世志凡太・浅香光代

芸能界最強の夫婦

せしぼんた……一九三四年～

あさかみつよ……一九三一年～

「うちの浅香に向かって失礼じゃないか！」

前述のようにこの単行本は『月刊　実話ナックルズ』の『絶滅芸人』という連載が元になっている。開始前、原色系のけばけばしい記事が並ぶ『実話ナックルズ』という媒体を理由に、何度かは取材拒否に遭うだろうと覚悟していた。

かつてぼくは、小学館の『週刊ポスト』という週刊誌の編集部に所属していた。九〇年代は、インターネットが人口に膾炙する前であり総合週刊誌には力があった。そこで『週刊ポスト』『週刊文春』『週刊現代』の三誌が激しく部数を競っていた。

『週刊ポスト』と『週刊現代』は女性のヘアを見せた――ヘアヌードのグラビア記事が部数を後押ししていた。そのため、〝ヘア週刊誌〟と文春関係者からは揶揄されていた。その影響は現場のぼくたちにも少なからずあった。

取材先で『週刊文春』とかち合い、取材相手からはっきりと「文春の方に出たい」と言われたこともある。週刊文春編集部に優秀な記者や編集者がいたことももちろんだが、文芸作品を多く出している文藝春秋という版元の名前、イラストを使った穏やかな表紙の『週刊文春』と比べると『週刊ポスト』は印象面で分が悪かった。

そうなると工夫を凝らすしかない。信頼できる人から紹介してもらう、あるいは丁寧な手紙を書くことを心がけるようになった。雑誌の看板よりも、個人で評価されたいとぼくは思い続けてきた。それは小学館を退社してからも変わらない。執筆者の側になっても、媒体名よりも信頼できる編集者という〝個〟を重視してきた。『実話ナックルズ』という雑誌名で取材相手に顔を顰められたとしても、それをひっくり返せばいいと考えていたのだ。

しかし、現実は厳しかった。取材を申し込んだ段階ですぐに断られる。企画は面白いと所属事務所の担当者まで辿り着いても、最終的には「この雑誌には出られない」と言われたこともあった。

世志凡太と浅香光代とのはじまりも、鼻先でぴしゃりと勢いよく扉を閉められたようなものだった。

取材申請を送った後、担当編集者の中山が電話を入れた。すると、世志はこうまくし立てたという。

「うちの浅香に向かって、絶滅芸人とは何だ。浅香は今も舞台に立っている。大学で教授もやっているんだ。そういう人間に絶滅とは失礼じゃないか」

彼は『絶滅芸人』という連載タイトルに腹を立てていたのだ。

中山はとにかく詳しく話を聞いて欲しいと彼の事務所を訪ねた。

芸人とは、狂気と正気を繋ぐ橋の上に立って、醒めた目で道化を演じるものだ。ところが、今は素人同然の毒のない芸人がテレビを闊歩し、本物の芸を持った芸人が消えつつある。それをこの連載では「絶滅芸人」と呼んでいる、「絶滅」という言葉の中には敬意が含まれているのだと説明したが、世志の怒りは収まらなかったという。

そんな世志を、毒蝮三太夫の所属事務所「まむしプロダクション」の社長、千葉潤一がなだめてくれた。前章で触れた毒蝮の出演した浅草５６５６会館の興行は世志の仕切りだった。公演前、ぼくは世志に挨拶し、自著『偶然完全　勝新太郎伝』を渡した。すると「おー、勝っちゃん、知っているの？　俺も仲良かったよ」と顔をほころばせた。ぼくは「二〇代の数年間、勝新太郎さんと付き合いがありました」と自己紹介した。

世志は勝から三味線を習ったことがあったようだ。後日、事務所に伺うので、改めて企画内容について説明させてくださいと言うと、「わかった、おいで」と頷いた。

この日、世志は司会として舞台に上がった。ほとんどの人間は毒蝮の口から途切れることなく出て来る言葉の波に押されてしまうものだ。しかし、世志はいつものことだという顔をして毒蝮を押し返し、会を進行した。

浅香の登場は最後だった。着物姿の彼女は、バックステージで世志に手を引いてもらい、そろりそろりと歩いていた。その彼女は舞台に上がると、嘘のように滑らかな動きになった。背筋がぴんと伸び、まるで指先まで神経が通っているかのような踊り姿だった。長年、多くの観客の目を惹きつけてきたのも頷けた。浅香さん、もうすぐ九〇歳でしょ、綺麗ね、と囁く声が観客席から聞こえた。動きを停めて、見栄を切った瞬間、大きな拍手が起こった。

翌月、ぼくたちは浅草寺の裏にある世志の事務所を訪ねた。

世志と浅香の二人を描きたい理由をぼくは改めてこう説明した——。

戦後まもなく、現在の芸能界の原型が固まった。浪曲や演歌の〈縦文字〉系と、戦後に主にアメリカから入って来たジャズ、ポップスなどの〈横文字〉系が密接に絡みあい、濃厚な小宇宙を作り上げることになった。

浅香は女剣劇という大衆芸能の花形役者である。いわば生粋の〈縦文字〉の女だ。一方、世志は元々、ジャズのベーシスト。また、人気アイドルグループ『フィンガー5』のプロデュースも手掛けている。同じミュージシャン出身の渡辺プロダクションの渡邊晋、あるいはホリプロダクションの堀威夫、そしてアメリカ軍にいたジャニー喜多川と同様の〈横文字〉出身の男である。浅香と世志の組み合わせは、日本の芸能界そのものではないか、と。

「ああ、確かにそうだね」

世志は腕組みしながら大きく頷いた。

5656会館で見た、世志の声が張っていたことに驚いたと感想を漏らすと、ハハハと笑った。

「昔のコメディアンは嫌な奴が一杯いてね。リハでは普通にやって、本番は全く違うことをやったり。半端じゃなかった。そのときにたたき込まれた。ぼくの時代、浅草のスターはシミキンこと清水金一。由利徹、佐山俊二、マチャアキのお父さんの堺駿二さん。由利さんには良くしてもらった。ぼくよりだいぶ上だから生きていたら九〇歳は越えているよね」

由利は一九二一年生まれ。存命ならば一〇〇歳近い。清水金一、佐山俊二、堺駿二、みな物故者である。

ICレコーダーを鞄から取り出し「録音してもいいですか」と訊ねると、「どうぞ、どうぞ」と早口で答えが返ってきた。

日の丸と星条旗、二つの旗を手に持って

世志凡太――本名、市橋健司は一九三四年一月四日に東京の巣鴨で生まれた。実家は呉服屋を営んでいたという。

三七年に日中戦争が勃発、四一年には真珠湾攻撃により太平洋戦争が始まっている。戦争が深まると店は接収され、軍需工場となった。

「風呂敷の二倍ぐらいある白い布でパラシュートを作っていた。人絹という、絹のまがい物のような布きれでね。男衆はみんな兵隊に持って行かれた。二〇人近い女工さんが、ミシンで縫っていたのを覚えている。でも、今考えたら、人間が使うには小さい。何か荷物をくくりつけて落としていたんだろうね」

そのうち、空襲が始まった。

「うちの真ん前が市電の車庫だった。今の都電、チンチン電車。当時の東京は都電が縦横無尽に走っていたからね。空一面が真っ暗になったんですよ。なんだこりゃって思った。そうしたらシャーって（金属）音がした。なんとも言えない音だった。二度とあんな音は聞けないでしょう。そうしたらボワンという大きな音がして、うちの前が燃え始めた。それで大変だということで疎開をしたんですよ」

取引先のつてを頼って、一家は栃木県の那須黒磯に疎開することになった。

ある日、世志が母親と歩いていると飛行機が飛んでくるのが見えた。

「〝お母さん、なんか来てるね。いやだね〟なんて言っていたら、頭の上を通り超えて行った。しばらくすると、その飛行機が迂回して下りてくるのが見えた。そのとき、パイロットの顔は見えなかったけど、姿形はわかった。母親と一緒にあぜ道に飛び込んだら、バババババって撃たれた。当たらなかったけど、これはもうどうしょうもないなと思った」

敗戦の玉音放送が流れたのはそれからしばらく後のことだった。

「天皇陛下の詔があって、それから日本は国破れて山河ありですよ。米軍の極東軍司令官、マッカーサーというおっちゃんが厚木の飛行場に降り立った。厚木飛行場、今の厚木基地に何千機と飛行機が下りて、そこから軍の車が全国に向かっていった。進駐軍なんていうけど、占領軍だからね」

学校の教師は「日本はアメリカに負けたんだから、アメリカの国旗を持って出迎えなきゃ駄目だ」と生徒たちにアメリカの星条旗を紙に描かせた。

「日本の旗とアメリカの旗の二つを持って、アメリカ軍のトラックが来ると振るわけ。そうしたらさ、アメリカのトラックから、ハーシーズのチョコレートとか、チューインガムだとか、わーっと蒔いてくれるんです」

世志たちは我先にと投げられた菓子を集めて回った。

「学校の先生は、〝そんなもの貰っちゃいけません〟とか言っていた。先生は、女の人ばかり。男はよぼよぼの爺さんでない限り、兵隊にとられている。みんな言うことを聞かないよ。あんな旨いもの食べたことなかったからね。どんどんポケットに入れちゃってさ」

ジャズマンたちと米軍キャンプへ

終戦後、世志の一家が東京に戻ると、巣鴨の自宅は全焼していた。そこで祖父の家に身を寄せることになった。

「板橋の駅のそばにあった、おじいちゃんの家がたまたま焼けなかった。まあ、一面焼け野原ですよ。板橋から池袋、その先までずっと見通すことが出来た」

空襲は生活基盤――電気、水道、ガスを破壊し尽していた。

「となると何か燃やすしかない。最初は割り箸とかを燃やしていたけど、そんなのでは間に合わない。壊れた家から材木をひっこぬいて燃やした。食べ物は肉なんかないですよ。なんとか野菜と塩だけ母親が手に入れてきて、煮て食べる。大根なんか皮をむかない。良く生きてこれたなと思うよ」

祖父の家の隣には若い男が住んでいた。彼はしばしば木の棒で湿った雑巾を叩いていた。何をしているのかと訊いてみるとジャズバンドのドラマーだった。ドラムを叩くとうるさいと近所から苦情が来るので、雑巾を使って練習していたのだ。

「このお兄さんがすこぶるお人好しだった。ある日〝坊や、ちょっとバンドの手伝いをやってくんねぇか〟って。〝何をすればいいですか〟と訊ねると〝ドラムセット運んだり、色んな雑用だ。来るかい?〟。行ったら三〇〇円とか四〇〇円をくれた」

集合場所は新宿駅から坂を下った甲州街道だった。

バンドマンの他、「フロアショー」と呼ばれるショータイムに出演する芸人が集まっていた。ストリッパー、アクロバット、奇術師、太神楽、猿回し、居合抜き、ボクシング——といった類いの人々である。奇術師が使う大きな木箱、表皮がささくれだった年代物のトランク、布の掛けられた鳥籠も置かれていた。風の強い日は埃が舞い上がり、辺りは茶色に染まった。フェデリコ・フェリーニの映画のような賑やかで猥雑な風景だった。

そこにはくすんだ黄緑色をした米軍のトラックやバスが一〇台以上停まっていた。世志の仕事はドラムなどの楽器を車に載せることだった。そしてメンバーたちと荷台に乗り込み、アメリカ軍のキャンプに向かった。

演奏は夜の七時ごろから始まり、一時間後に食事となる。これがバンドボーイ、最大の役得だった。

「バンドの皆さん、食事の時間ですから、〝坊や、取りに来て下さい〟ということになる。ローストハムがたっぷり入ったサンドイッチがでっかいお盆の上に乗って出て来る。もちろんコーラもある。あーこんな国にはどうあがいても勝てるわけねぇーなと思ったよ」

戦後の食糧難の時期、キャンプの中は物で溢れていた。

「日本人のクックさん。コックだな。日本人のクックがいるときは〝坊や、日本人だな。これ持って行きな〟とロースハムなどを土産に持たせてくれた。〝出口で見つからないように、楽器のケースに入れて隠して行くんだよ〟なんて教えてくれて。でも、同じ顔つきをしていても、英語がペラペラな日系二世とかは生意気なんだ。俺たちは戦勝国の人間だ、日本人はこんちくしょうだ、という態度。俺たちはぼろくその扱いをされる」

やがて世志は下働きに飽き足らず、ベースを演奏するようになった。ベースを選んだ理由について「楽器の中で低音を受け持ち、演奏を間違えてもあまり目立たないポジションだったからね」と控えめな口調になった。

「バンドには旧日本軍の軍楽隊出身とかもいるの。彼らはスパルタ教育で、音楽的にもの凄い教育を受けている。トランペットでもなんでも巧いんですよ」

小学校卒業後、旧制中学の小石川工業学校に進学した。

「これから忙しくなるのは建築屋だと思ったんだ。基礎だけはやりましたよ。ところが、ズージャの方が面白くなっちゃってね」

ズージャとはジャズのことだ。ミュージシャンたちは言葉をひっくり返して隠語として使うことを好んでいた。

土曜日夜のキャンプでは〈スペシャルショー〉のバックバンドを務めた。

「日本人のストリップの姉ちゃんが来て、踊るわけですよ。もう何百人も集まっている。慣れた姉ちゃんたちだから、パンツを脱いで全スト（リップ）になったとき、お客の方にはお尻を向けてる。俺たちに向けてサービスしてくれるんだ」

俺たちも「メリーちゃん、いいよ、ちょっとこっち向いて」なんて風に楽しんでいたよと大笑いした。

「浅香さんは三つ年上だから、この頃すでに女剣劇の看板を背負っていたんだ。凄いよね」

話を聞いていると、盆にペットボトルに入った飲み物を乗せた浅香が現れた。

「あのね、お手伝いさんが見つからないの。待っていたんだけれど、どこに何があるか分からないので、これでいい？　ストローもなにもないのよ」

世志は「いい、いい」と大きく手を振った。

「お手伝いさんは買い物に行っちゃったかな。何もねぇーんだよ、俺のところは」

世志は事務所として浅香の自宅の一室を間借りしていた。二階が浅香の稽古場、最上階の五階は彼女の衣装部屋になっているエレベーター付きの鉄筋造りのビルである。

浅香は「じゃあ」とにっこりと会釈するとゆっくりとした足取りで部屋を出て行った。

この日は世志に話を聞いて引き揚げることになった。後日、ぼくが書いた、ホリプロダクションの堀威夫についてのルポルタージュ、バーニングプロの周防郁雄のインタビュー記事を世志宛てに送ると、毛筆で書かれた丁寧な礼状が届いた。マネージャーでもある世志を通して浅香を描くのはどうか。そう連絡を入れると、「分かりました」という返事が来た。

「〝華〟というのは持って生まれたもの。浅香さんは華があった」

日本の芸能界が〈縦文字〉系と〈横文字〉系で出来ているというのは、堀威夫に取材したときに教わったことだった。世志は、まさにその時代に立ち会っていた。日本の芸能界が立ち上がった時期を知る人間はどんどん減っている。世志は貴重な証言者だった。二度目の取材も三時間を超えることになった。

次は浅香も交えて食事をしながら話をしましょうと世志から誘われた。

約束の日、事務所のベルを鳴らすと、世志は浅香の手を引いて現れた。世志は黒ずくめ、浅香は上から下まで目が覚めるような真っ赤な服を身につけていた。

「近くによく行く店があるんですよ」

事務所から近い中華料理店を予約してあるという。

「さっき電話した浅香だよ」

世志が扉を開けると、中国人らしき女性店員はきょとんとした顔をした。

「浅香だよ」

気が短い世志は、苛立った声になった。

「連絡入れたでしょ。あそこ、座るからね。いつも来てんだから、ちゃんとしてくれなきゃ困るよ」

彼は浅香を話題にする際、「浅香さん」と呼んでいた。この日も浅香を軽んじる人間は許さないという世志の気持ちが感じられた。

「世志さんには浅香さんに対する敬意があるんですね」

ぼくが思わず口にすると「そりゃそうですよ」と世志は目を見開いた。

「だってね、彼女は一四歳から座長として主役を張り続けてきたんだ。いくらコレがあるからって、脇役をやっていた人を主役に持って来ても客が入らないんですよ」

世志はパンパンと音を立てて二の腕を叩いた。

「ぼくが一時期、マネージメントしていた森繁久彌さんって、滅茶苦茶芝居が巧いという人じゃないんですよ。でも、森繁久彌って出てきただけで、(観客が)おおっとなる。三船敏郎もそう。俺は三船だっていう意識を自分が持っていて、お客を押さえつけちゃうんだ。芸があるとか、ないとか別の話。華というのは持って生まれたものなんだ。浅香さんも華があったから早くから座長になったんでしょう」

横で話を聞いていた浅香は「わたしゃー、華があるから」と口を挟んだ。

「なんとなく、こうするでしょ」

そして、肘をゆっくりと顔の前で曲げるとにっこりと笑って、科を作った。

「役者がいいとか悪いとかじゃなくて、こうやって出ていくと、客席がふわっとした。最初からだったね。（芝居が）巧くもなんともなかったんだよ。小さな頃から三味線と踊りをやっていたから、それで格好がついた。そんなにいい女でもないけど、得をしたんです」

浅香光代――本名、北岡昭子は一九三一年に神田で生まれている。

九歳のときに、浅香新八郎の主宰する一座に入り、小森昭子と名乗った。四四年に浅香新八郎が肺結核で亡くなった。享年三七歳だった。死後、〈浅香〉の名前を使うという話が持ち上がったという。

「内弟子に入ったときから、お弟子さんじゃなくて、よく〝娘さんですか〟って言われた。他の弟子と同じ衣装を着て出てきてもそうだった。先生が倒れちゃったでしょ。でも座員はそっくりそのままいる。みんなが、〝先生はこの子のことを可愛がっていたから、浅香新八郎の子どもって通るから、そうしましょう〟って。じゃないと興行が出来ないからね。興行主も〝そうだ、娘にしましょう〟と。娘が継いだということなら興行できるじゃない。そうして勝手に浅香光代ってこしらえちゃったの」

一座は阪東鶴蔵が引き継いでいた。浅香新八郎の知名度を利用するため、一四歳だった浅香を担ぎ上げたということらしい。

「その日から〝お嬢〟になったよ。そして〝座長、座長〟って言われた。何やっても、こうやっていなさいって、みんなに言われた」

そういうと、胸を突き出した。

「あたしがいないと自分たちの仕事がなくなるからね。(芝居が)まずくてもね、ハタ(脇役)が良くて、いい役つけてやっていると、巧く見えて来ちゃうの」

ただし、突然の主役への抜擢により他の役者からの反発を受けた。結局、浅香は阪東鶴蔵一座をやめて、自らの一座を立ち上げることになった。

戦後の混乱期に加えて、演芸関係の資料は限られているため、この辺りの経緯ははっきりしない。

東京新聞出身の演芸評論家、森秀男は著書『夢まぼろし女剣劇』(筑摩書房/1992年)で浅香について〈(浅香新八郎の死後)一座は解散してからは、青柳龍太郎(阪東勝太郎)、本郷秀雄などの一座に加わった。戦後、阪東鶴蔵の一座に入り、富士龍子と改名したが、独立して一座をつくるときにその芸名を返して浅香光代を名乗り〉と書いている。

ともかく、自らの一座を立ち上げたばかりの頃は苦労の連続であったようだ。

足利でのことです。やっとお芝居が終わって、化粧を落としている時でした。母と興行主が、言い争う声が聞こえます。

「ナニ!?　銭くれだと?　冗談じゃなかろ!　銭とれる芝居、やったと思ってんのけ」「でも、興行は……」「あンな、おめぇンとこの芝居、ありゃ芝居じゃねえだろ。大根っていうのは、もっとましなのいうんだ。いくら若さが売り物ったって、声は悪い、芝居は一本調子!　客だってアクビの連発だ。顔洗って出直して来な!」

鏡台の前で、涙がボロボロこぼれます。結局は一銭ももらえませんでした。

――畜生!　今に見てやがれ!　きっと世に出て頭下げて来たって、二度と来てやんないぞ!　その頃、私は十八歳という売り込みでした。ほんとうの年齢は、十五歳、数えでいっても、十六歳です。

（『手さぐりの幸せ』海竜社／1983年）

JOY

女剣劇の隆盛、浅香はトップスターに

剣劇の始まりは一九一七年のことだ。澤田正二郎が東京の新富座で新国劇を旗揚げした。この大衆演劇は『月形半平太』『国定忠治』などの演目で人気を博した。

主役を女性が務めるようになったのは三三、四年ごろとされている。三六年七月一六日付の『都新聞』の演芸面に掲載された『浅草評判記』という記事で〈女剣劇〉という言葉が初めて使われている。

若い女性が主役を演じる、女剣劇は性的な要素が含まれていた。少なくない観客が立ち回りで崩れた襟元や、乱れた裾から太ももがちらつくのを楽しみにしていたという。こうしたささやかな露出を戦後の新しい風俗、ストリップが時代遅れなものにした。

戦後、浅草で単独公演を開くことが出来たのは、戦前から人気を博していた大江美智子と不二洋子の二人だけだったという。他の一座は、演芸場、ストリップ劇場の演目の一つとして舞台に登っていた。世志はこう言う。

「ぼくは当時のことは知らないけどね、大変だったみたいだ。そこで浅香さんは考えた。有名な話なんだけれど、ブルマの裾を短く切って、胸の晒しを緩めに巻いて落ちるように細工した」

川崎の鶴見劇場でのことだ。

キリリと締めたはずの晒しが、ストーン！　胸が見えます。まだ一六歳とはいえ、大柄な私は、ふっくらとしたふくらみがあります。（中略）裾はまくれている、胸は、はだけっ放し……。あられもない姿で、大見栄切って、捕まったところで、スーッと幕です

（『手さぐりの幸せ』）

舞台の最も盛り上がる場面で、裸同然の姿になったのだ。

「その頃は、まだ男性とお付き合いもしたことがなかった。変な話、生理が来たのが一七歳。その前だったんだから」

そう言うと浅香はしゃがれた声をあげて笑った。

「あなたは、そのチラリズムで評判になり、浅草の松竹演芸場に出るようになった。そこでも劇場主に気に入られたんだよね」

世志の言葉に浅香は頷いた。

「浅草じゃ、ブルマじゃないよ。（股間の）前だけ張って行くの。それでちらっとケツを見せるつもりだった。でも私が失敗して、着物を踏んづけちゃって素っ裸になったこともある」

当時は複雑な心境だったようだ。浅香の最初の自伝『女剣劇』（学風書院／一九五八年）では〈私は、戦前派とか、正統派女剣劇（不二洋子さんや大江美智子さんなど）と云われている人たちが上演しているような、まともな女剣劇がやりたかった。が、私が、エロチックな女形をよして、立役の物を上演すると、お客の入りが悪かった〉と書いている。

文字通り浅香の体を張った奮闘が、女剣劇を再び活気づかせることになった。五一年一〇月二二日付の『東京新聞』では『競演すさまじや女剣劇』という特集記事を掲載している。

少々長いが引用する。

目下浅草に出演中の中では、花月劇場の大江美智子一座が往年の映画スタア市川百々之助以下座員五十名を擁して、女剣劇の中でも一番の世帯を誇り、去る九月に一年半ぶりで上京したが、美ぼうと芸達者なので家族連れのお客が多く、一ヶ月だけのつもりが開場前にお客が延々長蛇の列をつくるほどの大入り続き。これに気をよくしてついに十一月いっぱいまでロングランし、十二月を休んでから正月から又出演するといった物すごい人気。

他の一座は全部二十人足らずの少人数で、喜劇や色物、ストリップなどと抱き合わせだが、その中では松竹演芸場の浅香光代が五尺三寸五分、十五貫の肉体美を自慢にストリップ剣劇で人気があり、続いて天龍座の富士嶺子は義太夫な新内をとり入れた歌舞伎剣劇。百万弗劇場の大利根淳子のつやっぽい女剣劇、去る十七日からロック座に初登場の筑波澄子のモロハダをぬいだりスソをまくったりする露出症女剣劇などまさに多種多様。

浅香の出演する劇場では、彼女のブロマイドを販売していた。丸顔で、ふっくらとした浅香には人を惹きつける何か――華が備わっていたのだ。

森秀男は前掲書で、浅香の芝居について〈豊満な体つきが目立ち、片肌を脱ぐと、浅く巻いた白い晒のあいだから胸のふくらみを覗かせるといった格好で、（中略）カラッとしていて小気味よく、いやな感じはしなかった〉と評している。

五一年三月には後援会が発足。この頃、田原町の旅館も経営している。

その話を振ると浅香は「そうそう」と大きく頷いた。

「私、商売好きなの。でも儲からない。旅館を売った後、向島でも店を出したのだけれど、みんな勘定払っていかないの。〝ごちそうさま〟って言って帰っちゃう」

向島の店は料亭だった。

「三木のり平さんなんかは、毎晩来ていた。他のお客が来ると〝いらっしゃいませ〟なんだから。打合せがあると〝ああ、浅香のところで〟って」

私の男じゃないかって、みんな疑っていたんだよ、と大きく口を開けて笑った。

三木のり平は喜劇人協会の第五代会長を務めたコメディアンである。『桃屋』の『ごはんですよ！』のテレビコマーシャルでその顔を覚えている人も多いだろう。

浅香によると有名無名、多くの芸人たちを食わせていた。彼らは浅香の舞台に自主的に出演することも少なくなかったという。

ジャズベーシストから司会者、役者の道へ

この頃、世志はというと——。

「国立音大に行くつもりでいたんですよ。ところが国立音大を出て、ベース弾きになってNHKのオーケストラに入っても給料は八千円ぐらい。ジャズ屋をやっているほうがはるかに給料がいい。譜面が読めるというのと、弓で弾けるというので色々と声が掛かった。それで国立音大には行かなかった」

ウッドベースには指の他、弓を使う奏法がある。音楽大学を目指していた世志は基礎から学んでおり、両方をこなすことが出来た。

そんな世志に目をつけたのが原信夫こと塚原信夫だった。

「ぼくたちは（本名から）塚さんって呼んでいる。ある日、どこかでぼくのことを知ったんだろうね、塚さんのところに行ったんだ。そうしたら〝これを弾いてみろ〟って。ベースのソロのある難しい譜面だったんだよ。それをぼくが難なく弾いた。それで塚さんが〝君、なかなかやるじゃないの〟って」

一九五四年、世志は『原信夫とシャープスアンドフラッツ』に加入。シャープスアンドフラッツは当時、日本のジャズバンドの最高峰とされていた。

翌五五年、シャープスアンドフラッツは人気歌手、江利チエミのバックバンドとして全国ツアーに出た。そこで世志は芸人としての才能の片鱗を見せることになる。

「シャープの曲はスペシャルアレンジだから、譜面が何頁にもなっちゃうんですよ。サキソフォンとかの管楽器、リード楽器の連中は大変。ところがベースというのはコードだけだから、オタマジャクシ（音符）は書いてあるけど、そんなに長くない。だいたい（ステージでは）ベースの横に歌い手がいるからマイクがあるんだ。それでみんなが譜面を出す間、ぼくが喋ることになった」

最初は簡単な曲の由来などで間を持たせていたが、客の反応が悪かった。

「そこでギャグ入れながらやったら、客がウケちゃった。（リーダーの）原信夫が、〝面白い、どんどんやりなよ〟って。それを江利チエミが見ていて、〝あの人、私の専属司会者になってくれない?〟って、一本釣りされちゃった」

司会者の出演料として提示された金額は一本五万円だった。

「シャープは月五万円。そりゃ、やめるよな」

また、この頃、フランキー堺から映画界に誘われたという。

「フラさんがぼくを見てね、こう言うんだ。〝ベースソロになる前から客にウケている。君の顔はコメディアン向きだ、映画に出ないか〟って。それで水之江瀧子のところに連れて行かれたんだ。〝ターキーさん、シャープスアンドフラッツのベース弾き、いい顔しているだろ〟って。それで〝行こう、行こう〟という話になった」

フランキー堺も元々はジャズバンドのドラマーだった。その後、俳優に転身して大成功を収めていた。水之江は石原裕次郎を発掘したことで知られる映画プロデューサーである。

「俺は何が何だか分からないけど、〝フラさんがそう言うんだったらいいよ〟って。ターキーさんに、〝今度、フランキー堺のなんとかって映画がある。私から監督に言ってあげる。ところで、この人、なんて言うの〟って聞かれたんだ。ぼくは〝市橋健司です〟って答えますよね。そうしたら、〝割合、つまんない名前だな〟って。つまらないって言われても困ったなと思ったんだよね」

そのとき、キャンプに出入りしていたときに使っていた名前が頭に浮かんだと世志は大きな声で言った。

「キャンプの出入り口って色々とやかましいんですよ。名前を書かなきゃいけないんたけれど、〈Ichihashi Kenji〉って長いでしょ。枠からちょっとでもはみ出ると〝ワンス、モア〟ってもう一回書かされる。その頃、『セシボン』という歌が流行っていたんですよ。それでセシボンに〈太〉をつけて〈Bonta.S〉なんて書いていた。それで世志凡太を芸名にすることにした」

『C'est si bon』はイブ・モンタンなどの歌唱によって知られるフランスのヒット曲である。「それ、いいね」とでも訳せるだろうか。

最初の出演映画はボクシング映画だった。

「フランキー堺と石原裕次郎がボクシングをする日活映画だった。監督にどんな格好をすればいいんですかって訊くと、〝黒い蝶ネクタイありますか〟って。こっちはバンドのときに白いワイシャツと蝶ネクタイでやってた。すると〝その格好でいいです〟って。エキストラが何百人もいて、フラさんと裕次郎が試合をする。〝用意スタート〟って声が掛かって、ゴングをチーンって鳴らした。撮影が終わった後、〝今度、石原裕次郎とフランキー堺と一緒の映画に出るよ〟って、親から親戚からみんなに連絡したよ。ところが映っていたのは、ゴングを叩く手首のクローズアップだけ。みんなから〝頼むからもう映画なんか出ないでくれ〟って言われたよ。それでも五万円くれたの。映画俳優っていうのはいいねって思ったね」

フランキー堺と石原裕次郎は川島雄三監督の『幕末太陽傳』で共演している。ただ、この時期のボクシング映画を特定することは出来なかった。

この後、世志はシャープスアンドフラッツのメンバーと『エディ岩田とポークチャップス』、そして『世志凡太&モンスターズ』というコミックバンドを組んでいる。

これらは五五年結成の『ハナ肇とキューバンキャッツ』を意識したバンドだった。キューバンキャッツは『クレイジーキャッツ』と改名、植木等らが加入し、大人気となった。

このクレイジーキャッツをマネージメントしたのがジャズミュージシャンだった渡辺晋が率いる『渡辺プロダクション』である。ここから『ホリプロダクション』『田辺エージェンシー』が枝別れした。この〈横文字〉系芸能プロダクションは。テレビという栄養を吸収して、お笑い、芝居などに手を広げていく。

世志も渡辺プロダクションに籍を置き、司会業、俳優、コメディアンとして活動している。しかし、クレイジーキャッツのような成功を収めることは出来なかった。テレビと共に膨張する芸能界の流れに乗り切れなかったのだ。

世志プロデュース「フィンガー5」の誕生

世志と話していて感じたのは極めて強気な性格であることだ。常に胸を張り、弱みを見せることはない。それは芸能界を生き抜いてきた知恵でもあったろう。但し、『週刊読売』（七四年三月二三日号）のインタビューではこの時期についてこう語っている。

テレビをひねると、先輩、後輩が楽しそうにやっている。途端に惨めな気持ちになりまして……、何でオレだけが売れねえんだ、と。

そして世志は表舞台から一歩引くことにした。地方を回り、古道具を集めて百貨店の催事場で物販。森繁久彌や伴淳三郎といった俳優、浅香光代などの大衆劇団の公演、興行を手がけるようになった。彼らは、戦前から存在する「縦文字系」芸能界の住人である。世志は〈横文字〉に加えて〈縦文字〉の人脈を培うことになった。

前出のインタビューではこうも語っている。

〈器用貧乏で浮気っぽくて……、裏を返せば、それほど常に生活の不安や恐怖に追いかけ回さ

れていた、ってことです〉

そんなある日のことだった。

友人であるミッキー安川から「座間の米軍キャンプへ行こう」と誘われたという。ミッキー安川は本名、安川実。俳優、司会業の他、直言を買われて、テレビレポーター、コメンテーター、ラジオ番組のパーソナリティなどを務めていた。

「ゴルフは安くできるし、ステーキ食わしてやるって言われたのかな。そうしたら、子どものバンドがステージをやっていた。トイレに行ったら、ステージが終わった子どもたちが芝生に寝転がっていた。それで〝君たち、なかなかいい演奏したね、おじさんは感心したよ〟って話しかけた」

五人きょうだいによる『ベイビーブラザーズ』という沖縄出身のバンドだった。妙子という女の子が一人だけ混じっており、沖縄風に長い髪を結わえて菜箸のような長い串でまとめていたのが印象的だった。

「きょうだいでやっているのが面白かった。〝プロダクションには入っているの〟って訊いたら、〝入っているような、入っていないような〟っていう返事だった」

レコードデビューはしていたが、仕事は限られており、スーパーマーケットの屋上などで営業を細々と行っている状態だった。後日、彼らを教えていたタップダンスの先生に会ってみると、月謝も滞りがちだと嘆いた。

「その先生は米軍キャンプ（のショー）でタップダンスをやっていた人でぼくのことを知っていた。〝誰かマネージメントを引き受けてくれないかな〟というので、よしやってやろうと。聞いてみると本人たちは月二〇万円欲しいという。五人だから一人四万円。売り出すとなるとマネージャーを一人つけなきゃいけない。それが二〇万円ぐらい。あと諸経費で二〇万円。六〇万円ぐらいならなんとかなるか、というところから始まったんですよ」

世志がこのバンドを気に入ったのは、ミュージシャンとしての勘だった。

「太鼓（ドラム）、キーボード、演奏がしっかりしていた。彼らのおとっつぁん（父親）が沖縄でキャバレーの管理人をやっていた。キャバレーって天井が高くて涼しい。それで子どもたちは学校から帰ってくると鞄をほっぽりだして、昼間のキャバレーに入り浸りになっていた。そこには太鼓やギター、キーボードがあるでしょ。そこで見よう見まねで覚えちゃった」

世志は彼らをボーカルグループとして売り出すことにした。一番下の男の子――玉元晃の歌に可能性を感じていたからだ。

「最初から晃の歌の巧さは、ずば抜けていたね。だって一〇歳ぐらいだったと思うけど、マイケル・ジャクソンの『ベンのテーマ』を、すぱーんとした声で歌うんだもの」

ベンのテーマとは七二年公開の映画『ベン』の主題歌だ。マイケル・ジャクソンの伸びやかな高音を、晃は完璧に再現することが出来た。

再デビューに合わせて世志は新たなバンド名をつけることにした。五人きょうだいということで、〈五〉のついた名前を検討した。

「最初は五色豆にしようとしたんだ。そうしたら、（周囲から）〝社長、五色豆じゃ食われてしまいますよ〟って。で、戦後、GHQのお達しで時代劇が作れない時期があった。そのときに片岡千恵蔵が『七つの顔』っていう現代劇に出て大当たりした。それが頭にあって、〝五人のガキだから〈ファイブフェイス〉にしようか〟と言い出したら、それも〝イカしていない〟と。〝じゃあ、五本指にしよう〟と、〈フィンガー5〉になったのよ」

七三年八月、フィンガー5はシングルレコード『個人授業』を発売した。

作詞は阿久悠、作曲は都倉俊一──。

「あの頃、スカートめくりが子どもたちの間で流行っていたんです。そして、この少し前に『個人教授』っていう映画があった。年上の女性教師に生徒が惚れるという話。アラン・ドロンの嫁さんが出てた映画。そんな話をしていたら、さすがに阿久ちゃんだね、〝ませガキが先生に惚れちゃう歌にしようよ〟って」

『個人授業』の発売に合わせて、世志はNHKにいた旧知のプロデューサーに「ひるのプレゼント」という午後の帯番組に出してくれとかけ合うことにした。

「〝世志凡太ともあろう男が越後獅子の親方みたいなことをやるのか〟って嫌みを言われたよ。いや、こっちは〝まがい物じゃない、本物の歌だから出してくれ〟と」

この番組のリハーサル中のことだったと世志は言う。

「晃の目がちかちかするっていうんだ。ライトが当たって眩しかったんだろうね。ちょうど、ぼくがサングラスを掛けていたから、これ使ってろと。プロデューサーには本番では（サングラスは）取るからって言ったら、〝凡ちゃん、ガキがサングラス掛けるって面白いよ。このまま行こう〟って話になった」

この番組出演はフィンガー5の人気に火を点けることになった。個人授業は一〇〇万枚を超えるヒット。中でも晃の大ぶりのサングラスは「とんぼメガネ」と呼ばれ、グループの象徴となった。

個人授業の作曲者、都倉俊一は自著でこう書いている。

ある玩具メーカーがこれに眼をつけ、ボール紙にセロファンを取り付けた簡単なサングラスと紙のマイクを作ってフィンガー5セットとして売り出したところ、あっという間に五〇万セットを売り切ったそうである。

（『あの時、マイソングユアソング』新潮社／2008年）

フィンガー5はキャラクタービジネスの嚆矢とも言える存在となった。フィンガー5の名前をつけた文房具、玩具、洋服などが次々と企画され、爆発的に売れたのだ。七三年十二月発売の『恋のダイヤル6700（シックスセブンオーオー）』の〝原案〟を出したのも自分だと世志は言う。

「グレン・ミラー楽団がやっていた曲に『ペンシルバニア　6―5000』というのがあった。ぼくはそれをシャープスアンドフラッツで演奏したことがあった」

これはペンシルバニアに住む恋人の電話番号を曲名にしたものだ。

「その話を阿久ちゃんにしたら、〝おっ、面白いね〟ということになった」

そして翌七四年に『学園天国』が発売。フィンガー5の人気は絶頂に達した。

ただし、この沖縄出身の五人きょうだいとの関係は長く続かなかった。

「名古屋でコンサートがあった前日だと思う。〝明日のコンサートに出ない〟っていうんだ。〝毎日、毎日、同じ歌ばっかり歌わされるのは嫌だ〟って言われてね。そして、〝ぼくたちは毎月二〇万円しか貰っていない、そんな金じゃ嫌だとお父さんが言っている〟と。俺はホテルでつるし上げを食らって、参っちゃったよ。それで、お父さんと話をして売上げを折半にしようということになった」

しかし、一度離れた彼らの心が戻ることはなかった。七五年、フィンガー5は休養宣言をしてアメリカに渡っている。世志とはこの段階で関係が切れた。

その後、彼らは一年ほどで帰国するが、かつての輝きは失われていた。晃の声が成長と共に変わっており、高音が出なくなっていたのだ。八〇年にフィンガー5は解散した。

「三日でもいいから一緒になろう」

その後、世志は芸能界から距離を置いている。

八五年のプラザ合意以降、日本は「バブル景気」に入っていた。この好況は株高と土地高が相互に干渉しながら生じたものだった。銀行による過度な土地融資がそれを加速させた。以前から古道具取引などを手がけていた世志は不動産業に目をつけたのだ。

「役者として映画に出ていた時期もあったけど、冷静に自己分析すると（芸能界の）幕の内には入っていたけど、三役には到底なれない。ここで仕事をしていても人生の糧にはならんと思った。それで不動産の業者免許を取ったんですよ」

旧知の仲であった浅香光代と親しく話をするようになったのは、この仕事がきっかけだった。夫を亡くした浅香が吉原の自宅を売却するという話を聞きつけたのだ。

「ミッキー安川と一緒に浅香さんの家に行ったんだ。亭主のお骨が置いてあったので、ぼくらが拝もうとしたら、〝そんなことしなくていいんだ。このお骨の野郎ね、窓からほっぽり出してやろうと思っている〟と怒っているんだ」

浅香によると事情はこうだ。

夫が危篤だという連絡を受けて、劇場から病院に急いで駆けつけた。すると病室の前で、夫が経営する会社の社員に「中に入らないで下さい」と止められたという。「私は女房なのに、なんで中に入れないんだ」と押しのけて扉を開けると、見知らぬ女性がベッドにしがみついていた。

「〝死ぬならば私も一緒に〟なんて泣いているの。あたしゃ呆れたよ。そのとき、足を怪我して（杖代わりに舞台で使用する）弁慶の六尺棒を持っていた。それを持ってさ、〝畜生〟ってやったら、みんなからこれ（羽交い締め）もんだよ。それで六尺とられちゃってさ」

それでまた畜生ってやったんだよと怒りの表情を作ると、腕をぽーんと広げた。

「見栄切ったからね。あの見栄だけは撮っておきたかった。〝いい芝居をしていたよ〟って言われたよ」

素人じゃないからね、と浅香はさも面白そうに笑った。

浅香の亡夫はオートバイの風防を製作する工場を経営しており、世志とも面識があった。

「おでん屋なんかで会ったのかな。程がいい男だったから、女にもてたんだろうね。程がいいっていうのは、気っぷがいいとか粋だとかいう意味。江戸っ子気質というか、宵越しの金は持たねぇよって」

愛人の存在に加えて、金銭的な行き違いが発覚し、浅香はひどく腹を立てていたのだ。自宅の売買は、他の不動産業者が手がけることになったが、これをきっかけに世志はしばしば浅香の元を訪れるようになった。

浅香は、わざとうんざりとした表情を作った。

「(世志のことは) あんまり好きではなかったのね。でも良くあたしの所に来ているうちにだんだん噂になっちゃったの。それで〝三日でもいいから一緒になろう、それで別れても話題になるから〟って話になった。それが最初なの。あんまり口も利いたことなかったのに一緒になった。そんなもんですよ、男と女っていうのは」

一九九二年十一月、一三〇〇人以上の参加者を集めた披露宴を行っている。わざわざ縁起が悪いとされる十三日の金曜日、仏滅を選んだのは二人の洒落だった。立会人として後に総理大臣となる福田康夫も出席している。

しかし、二人は正式には入籍していない。婚姻届を出さずに三ヶ月ごとに〝契約更新〟しながら同居するのだと発表した。

これは浅香に対する配慮だったと世志は明かす。

「そのとき不動産業で作った借金があってね。もし俺が返せなかったら、浅香光代の亭主が借金でおかしくなったという風になって、世間が喜んじゃう。だから、籍を入れない形にしたんだ」

「女剣劇は浅香光代で果てる。誰も後が継げない」

世志は浅香とほぼ同時期、芸能界に身を置いていたにもかかわらず、お互いの世界が全く違うことをまざまざと感じたという。

「ぼくがなんたって、びっくりしたのがね、浅香さんの芝居を見に行ったら、楽屋で〝先生、おめでとうございます。うちの家内も宜しくと言ってました〟といいながら、菓子折の上に分厚いのし袋を載せて渡すんだ。それでぼくがこれは何なのって、後から訊いたら、〝ご祝儀よ〟って」

中を開けてみると一〇〇万円の札束が入っていた。浅香はそれを当たり前のように受け取り、「そこに置いておいて」と無造作に付き人に渡した。

女剣劇では国定忠治などを代表とする、勧善懲悪、義理人情の演目を上演する。ある種の人間は主人公の姿に自分を投影した。そして、凛々しく見栄を切る彼女に喝采を送り、気持ち良く金銭を渡したのだ。

特に二〇代の頃は、いわゆる大親分と言われる人間に浅香は可愛がられたという。

「ぼくらジャズ屋の世界にはないものだった。ぼくたちの時代はせいぜい、ナイトクラブでやっていて、マッチ箱の中に二千円ぐらいが入っている程度。それだってなかなか貰えなかった」

世志は浅香からこんな子どもの頃の話を聞かされたことがある。

私は学校も碌に行っていない。だから、一日一文字でもいいから、言葉を覚えなさいと母親から言われた。オバケ煙突の見える荒川の土手に近い家で、母親の手本を元に新聞紙に筆で文字を書き続けた、と。

世志は小学生のとき、板橋から浅草まで歩いて遊びに行っていた。

「コメディアン、ストリップ、映画館、色んなものがあった。ひたすら浅草に行きたいと思って、一時間ぐらい歩いていたのかな」

あの猥雑で怪しく煌めく、浅草の街で浅香は生き残ってきたのだと思うことがあるという。

「浅香さんは、劇団の連中が寝ているとき、朝六時に起きて田原町あたりまで自転車で行って、三味線の稽古を一時間ほどやっていたというんだ。稽古が終わったら、帰って寝る。すると弟子が〝先生、いつまでも寝てちゃ駄目ですよ〟と起こしにくる。それで、〝ああ、そうなの〟って何食わぬ顔で起きる。そのことを聞いて、人間って才能のある、なしっていうのは当然あるけど、天才っていないんじゃないかなと思った。本当に凄い人っていうのは、人の見ていないところで色んなことをやっている。美空ひばりだってそうだった。そうしたものを体に入れているから、スポットライトが当たったときに、きらきらしたものがあるんですよ」

浅香は一九歳のときにある政治家の愛人となり、二人の子どもを出産している。その後、老舗の社長、別の政治家、脱税王と呼ばれた実業家とも交際している。どれも正規の婚姻関係はない。「二号」という言葉が嫌いで、旅館や列車でも「二」の数字を避けたという。そして四一歳のときに結婚した夫にも死後、裏切られたのは前述の通りだ。

浅香の話になると、世志の舌はさらに回り出す。

「もうおわかりだと思うけど、浅香光代のような気っぷのいい女はなかなかいませんよ。映画で大スターと言われた人は、衣装にしろ、カツラにせよ、これ着て下さい、被ってくださいって言われてやっているだけ。美人で蝶よ、花よってされているけど（芝居について）分かっていない。ところが舞台で苦労してきた人は、浅香さんも含めて違う。この人は全財産をカツラや着物、小道具につぎ込んできた。この人の舞台に出ている役者、御用御用って出て来る（端役の）あんちゃんであろうが、レーヨンや人絹じゃない本物の衣装を着せている。それを（役に合わせるため）よれよれにしようと、水につけて足で踏んづけたりするんだ」

後日、浅香の衣装部屋を見せてもらった。

六畳二間には様々な着物が整理整頓されて積み上げられていた。浅香によると一枚一〇〇万円以上。中には二、三〇〇万円の価値のものもある。衣装の総額は一億円から二億円程度になるという。

世志は「すごいでしょ」とぐるりと手を回した。

「浅草あたりの客は本物の衣装かそうでないか見抜く。客席を通って舞台を上がって行くとき、〝浅香さん、本物の衣装着ているわ。ちゃんとした着物だね〟なんて声が聞こえる。だから、この人は細かいところにまで手を抜かない。そんな姿を見ていてね、こんな女優はいねぇな、すげぇなと思った。はっきり言って、女優の上に〝馬鹿〟が付くぐらい一生懸命やっている。こんな風にやっていて、（金銭的に）辻褄が合っているのかなと心配になった」

だからこそ、自分は浅香と〈夫婦〉になることにしたのだと、語気を強めた。世志は三三歳で結婚、四年後に離婚していたので独身だった。

「座員を食べさせるために、身を粉にして、血反吐を吐くような想いでやってきた。昔の芸人だから文字通り、自分の体をぶつけてやってきた。食うためもあって色んな男と付き合ってきたことだろう。でもそんな過去なんか知りたくないよ。今さら知ってもどうしょうもないしね。浅香光代という、沈みゆく西日の太陽を支えてあげようと。私はそういう役目でいいんだ。自分が前に出て、世志凡太を売り出すなんてケチなことは考えていない。西日の太陽がいつまでも輝いているように、ぼくが持ちこたえる。そういうことでどうって、浅香さんに言って一緒になった」

世志の言葉に浅香は頷いた。

「そう、この人には恋みたいな感情を感じたことはない。あたしはこういうタイプ嫌いだからさぁ。すっきりしたような男がいい」

そういうと浅香は笑った。

俳優を含めた、芸人はそろばん勘定が得意でないと世志は言う。

「この家だって借地だからね。そんなところにこんな立派なものを建てちゃった。才覚が利いちゃう奴は、上手く（芸能関係の）会社に潜り込んで役員なんかやっちゃうけど、辻褄は合っていない。芸人なんて知的じゃない。特に経済には無知なんだよ。浅香も芸人ですよ。所詮、芸人」

この芸人という言葉には、敬意と蔑視がない交ぜになっている。そして自分も芸人だと世志は言い切った。ただし、実業に次々と手を出し、芸人になりきれない矛盾を抱えているのも彼である。

最後にこう付け加えた。

「女剣劇というジャンルは、浅香光代で果てる。終わっちゃうんですよ。誰も後が継げない」

浅香は二〇一八年の誕生日で九〇歳となった。その横には世志が立っている。ミュージシャンから俳優、芸人、実業家と様々な分野に手を出した世志は、浅香の人生を最後まで見守る同志というもっとも座りのいい場所を見つけたのかもしれない——。

第五章　こまどり姉妹

最後の門付け芸人

こまどりしまい……一九三八年〜

双子姉妹、産まれるときから波瀾万丈

二〇一七年七月末、上野恩賜公園の一角にある野外ステージで行われていた、演歌歌手による毎年恒例の納涼夏祭りには千人以上の人が集まっていた。日が暮れて多少暑さが和らいだ午後七時半過ぎ、お揃いの派手な色合いの着物を身につけた、こまどり姉妹が登場した。

「ありがとうございます。こまどりですー」

向かって右側に立つ妹の敏子がまず口を開いた。

「こっちがお姉さんです」

すると左側の姉、栄子がこう応じた。

「栄子でございます。こっちが妹です」

「敏子でございます。みなさんと一年ぶりにお会いするので、今日は一生懸命、お化粧を作りました。でも上手く行きませんね。なにしろ、もう八〇歳でしょ。手が震えているから、眼をつけようと思ったら、こっちの方についちゃって」

敏子が眉毛の上あたりを筆で描く仕草をすると、観客席から笑いが起こった。観客のほとんどは年配の人間だったが、連れられてきたのであろう、孫らしき子どもたちの姿もぽつぽつと

目についた。

「五時間も六時間も掛かって、そんな風だから嫌になっちゃうわよね」

「ねぇー」

栄子が相づちを打つ。

「なるべく顔の方を見て欲しくないので、着物にはきらきらをつけて参りました。宜しくお願いします」

くすくすという笑い声があちこちから聞こえた。構えることなく、世間話をするように客の心を掴んでいく。手練れの芸人の技だった。

「私たちは小さい頃、北海道から東京に出てきました。あの津軽海峡を思い出しながら、聴いてもらいましょう。『ソーラン渡り鳥』です」

『ソーラン渡り鳥』は一九六二年発売の曲である。敏子の言葉が終わると、二人の後ろに控えていた生バンドが演奏を始めた。

こまどり姉妹の二人、長内栄子と敏子の二人は一九三八年四月一日に産まれた。

通常、双子は数分の違いで生まれるものだ。しかし、妹の敏子が出てきたのはずいぶん後だったという。

「私は三時間だか四時間だか出てこなかった。姉は生まれた後、しばらくほったらかしだったたらしいの。私の足に色々と絡まっていたらしくて、近所のおばさんが手伝いに来ていたのだけれど、〝オバケを生んだ〟って飛んで逃げていった。仕方がないから、おっかさんは自分で私の足をひっぱって出したって。それまでにおっかさんは沢山子どもを産んでいるから、経験豊かだった。お産に対しての怖さがなかったからね。肝が据わっているのよ」

父親の恭一、母親のキエの間に出来た、初めての子どもではあったが、二人とも再婚同士だった。すでに父側に三人、母側に五人の子どもがいた。彼らはすでに親元を離れており、母の連れ子である三つ年上の姉、和江だけが一緒に生活していた。

両親は男の子が生まれるものだと思い込んでおり、知り合いの子どものいない夫婦に貰われることになっていた。ところが生まれてきたのは双子の女の子だった。相手の夫婦は「女の子でもいいので欲しい」と、姉の栄子が選ばれた。

しかし――。

栄子が出ていくと、敏子は火が付いたように泣き叫んだ。困り果てて栄子を戻すと、嘘のように泣き止んだという。

「これはもうあげられないって、諦めてもらった。一緒に育つのは運命だったのね」とは敏子の言葉だ。

「二人とも未熟児でね。掌に乗るほど小さかった。真綿で包んで、雀の子みたいに育てられたそうですよ」

姉の栄子が合いの手を入れるように続けた。

二人が生まれたのは日本が戦争という暗雲に包み込まれつつある時期だった。前年の七月に盧溝橋事件が起こり、彼女たちの誕生した日に国家総動員法が公布されている。翌三九年九月にドイツのポーランド侵攻により、第二次世界大戦が始まった。

この頃、一家は樺太に渡った。

オホーツク海に浮かぶ樺太は一八世紀から日本とロシアが領有を争っていた。日露戦争の結果、北緯五〇度以南が日本領、以北がロシア領となった。樺太に存在する良質の炭鉱は両国にとって貴重な資源だったのだ。父親の恭一は炭鉱夫だった。

敏子はこう言う。

「腕が良かったみたいで、炭鉱夫の中では上の方になっていたようです。みんな仕事が欲しかったんでしょうね、付け届けというか、玄関に羊羹とかカステラとかなかなか食べられない菓子が置いてあったのは覚えているのよ」

フリルの付いた、てかてかとして滑りのいい生地の洋服を着た写真を二人は今も大切にしている。この写真にはこの後、目の前からさっと消えてしまった一家の幸せが焼き付けられているからだ。

四五年八月一五日、日本はポツダム宣言を受け入れ敗戦。樺太は戦勝国であるソビエトの統治下に入った。日本人たちは着の身着のままで樺太を後にすることになった。

六歳になっていた敏子は樺太から出るときの様子をはっきりと覚えている。

「もたもたしていると日本に帰れなくなる。女の人は犯されちゃうってね、みんな丸坊主になって逃げたのよ。日本に帰る船に飛び乗るような状態だった。だから荷物なんか何も持っていない。裸一貫ですよ」

北海道に戻ると、夕張山地北部の芦別町、そして西部の海沿いの羽幌町に住むことになった。いずれも炭鉱で知られた町である。

北海道に戻ってから長内一家の上空には部厚い雲が覆うようになる。

まずは敏子である。

「私はお姉さんと違って、子どもの頃から体が弱かった。本当は、私には繁子っていう名前をつけることになっていたの。ところが届けを出すときに糸へんを忘れちゃったの。それで敏子になった。総画でみると、敏子っていうのは、短命、孤独、どうのこうのって悪いことばかり。二〇歳になる前に死ぬっていう字画」

姓名判断の信憑性はともかくとして、彼女は子どもの頃から病気がちだった。

「ちっちゃい頃から小児ぜんそく、はしか、あらゆる病気にかかった。一年の半分は天井見て生活していたほど。天井のシミが私の友だちだった」

抵抗力が他の子どもと比べて弱かったのだろう。角結膜炎が流行ったとき、周囲は目やにが多少出る程度の中、彼女だけは目から膿があふれ出て、瞼が開かなくなった。

七歳のとき髄膜炎に罹患。髄膜炎とは、脳および脊髄を包んでいる膜の炎症で、寒気、高熱、頭痛、嘔吐が伴う。意識が混濁し痙攣をおこし、最悪の場合は死に至る。

「髄膜炎のときは、もうみんな駄目だと思ったみたい。菌が脊髄に入っていて、脳に上がったらおしまいだった。四〇度ぐらいまで（体温が）上がってしまい、氷を頭に乗っけると、ストーブの上みたいにジューって溶けちゃうっていうんだから。熱にうなされて、岩から転げ落ちるような妄想を見ていた」

伝染力の強い疫病であるため、洞窟のようなところに連れて行かれた記憶が敏子にはあるという。父親は諦めずに近所に住んでいた医師にすがった。

「その人は名医だったんだけれど、酒ばっかり飲んでいて、なかなか患者を診ない。それでお父さんは一番上等な酒を二升持っていった。そうしたら、〝アメリカからペニシリンという薬が入って来た、これはすごい高いけど、打てば治るかもしれない〟って教えてくれた。それでお父さんは給料を前借りしてペニシリンを買ってくれた。ペニシリンって凄いのよ。ぶっとい注射器をさして、一時間ぐらい体を揉んで入れていくの。一〇本ぐらい打って、助かったんだから」

　このとき、炭鉱夫の住む宿舎では三〇人の子どもが髄膜炎に罹患、うち二八人が亡くなったという。助かったのは二人。その一人が敏子だった。

お金がない――道ばたの草を食べる日々

　子どもは新芽のような殻を突き破る生命力を自覚しない。健康のありがたみが分からなかった栄子は敏子を羨ましく思ったこともあったという。

「良くなって欲しいって、あのときなかなか手に入らないバナナや葡萄が枕元に置かれているの。私が食べたいって手を出そうとすると〝これは敏子のだ〟ってピタってはたかれた。自分も病気になりたいって思って、裸で外に立ったこともあった」

　でも、全然風邪を引かないの、嫌になっちゃうわと栄子は笑った。

　敏子の髄膜炎が完治したと安堵したのもつかの間だった。一家の生活を支えていた父親が倒れた。

　四〇歳を越えていた父親は、長年の炭鉱夫生活で肺を患ったのだ。結核である。当時、結核は不治の病とされていた。二人の記憶は定かではないが、父親は家族から隔離されたようだ。稼ぎ手を失った一家は、農家をしていた親戚を頼って小樽市の銭函に向かっている。しかし、戦後の物資不足の中で、彼らも他の家族を養う余裕はなかった。そこで銭函駅前にあった橋本旅館という六畳一間の木賃宿に転がり込むことになった。

母親は二人の姉妹と姉を養うために「担ぎ屋」を始めた。担ぎ屋とは闇米を売る人間のことだ。

まずは収穫前の農家を回って、米を買い取る。「青田買い」である。目利きの担ぎ屋は、青い稲を食べると質の良し悪しを見分けられるという。農業協同組合よりも少し高い価格で買い、正規米よりも五から一〇パーセントほど安く売る。食糧管理制度の裏を掻くのだ。当時、北海道には担ぎ屋は少なくなかった。精米所と組んで、顧客が欲しいときに精米して販売する担ぎ屋もいた。非合法ではあるが、警察は見逃すことも多く、目端の利く人間が副業としていたようだ。

ところが姉妹の母親は要領が悪かった。しばしば警察に捕まり、買い付けた米は没収されたという。母親が警察に拘留されている間、姉妹は放っておかれた。

「食べるものがないから、草でも何でも食べる。スカンコっていう草があるの。すっぱいけど毒がなくて食べられる。グスベリという草は実をつけるの。食べるのは実が赤くなってからで、青いうちは体に障りがあるから食べちゃいけないっていうけど、私たちは青いうちから、うんと食べていた。でも、全然体壊さない。貧乏しているうちに、私も丈夫になっていた。体が弱いなんて言ってられなくなった」

「そうそう、人の畑に入って食べたりね」

二人に質問すると、敏子がほとんどを返し、栄子が相づちを打つ。それぞれが話すことを予想しているかのように、言葉が波のように繋がる。

「昼間からあそこはトマトがあるとか、にんじんの葉っぱが出ているから、下（の根菜）も食べられそうだとか目をつけておくの。真っ暗闇の中で囓るの。夜中に入って、夜中に出て来る。だから捕まったことはない」

「そうよ、捕まったことは一度もない」

「畑の人たちはイノシシとか熊が食べたと思っていたはず。お腹が空くと人間って悪知恵が付くのよ」

「そうそう」

「にんじんってね、小さいときはフルーツみたいに甘いのよ。夏はスイカ。まだ熟れていなくても私たちにとってはご馳走だった」

この頃、海に面した銭函一帯はニシン漁で栄えていた。

「一〇メートル先の海でニシンがびかびか跳ねているのが見えるぐらい。いつも大漁で（魚が満載になったトラックから）運ぶ途中で落ちるの。それを拾って食べる」

「体にいいものね、ニシンは」

「煮たり焼いたりもしたけど、生のニシンのおいしさっていうのは言葉にならないのよ。本当に獲れたてだから。そういう時代だったから本当に助かっているのよ」

「そうそう」

貧しいのは自分たちだけではなかったと敏子は言う。

「戦争で家族がいなくなって、一人で生きている人も多かった。若い女性は米軍（兵士）の彼女になっていい生活するわけですよ。娘がいる家はいい目にあった。でも娘も働き手もいない家、年寄りは悲惨ですよ。銭函は海水浴場があるんです。札幌の方に米軍の基地があって、ジープに乗ってざーっと遊びに来るんです。私も大きくなったらあんな風にジープに乗って、アメリカの兵隊さんに可愛がられたいと思ったぐらい。浜辺でレコードを掛けてね、それを帰りにポーンと捨てていくの。そのレコードを私たちは拾いに行ってね。レコードだけじゃなくて、あらゆるものを拾いました。ガムでもチョコレートでも、それりゃ犬ころみたいでしたよ」

「そう、犬ころよ」

栄子が面白そうにふふふと笑う。

「銭函の駅に米軍たちが乗った貨物が停まるんです。子どもたちは一〇人、二〇人と駅の垣根のところで待っているのよ。子どもたちがいると、可哀想だと思った米軍の人が、チョコレートだとか飴だとか、窓からばーっと巻いてくれるの。そういうのを拾って食べるの」

「そうね、ずいぶん食べたよ」

「乾パンとかもカビの生えているのは、払い下げで配給になるの。捨てるよりは配ったほうがいいって持ってきたんでしょうね。そのコッペパンの美味しいこと。未だにあんなに美味しいコッペパンはないってぐらい。こっちはカビなんか関係ないんだからね」

私たちは蚤や南京虫に噛まれなかったのよと敏子は自慢げな顔をした。

橋本旅館の部屋の畳は何十年も替えておらず、黒ずんで毛羽立っていた。

「蚤や南京虫、夏には蚊が飛んでいたけど、ああいう虫も美味しい血かそうでないのか知っているのよ。私たち一家はそもそも血が足りなかったんじゃないかしら」

銭函で初めて二人は学校に通っている。

小学校に行っていない姉妹がいるという通報を受けて、銭函小学校の校長が旅館を訪ねてきたのだ。十二歳だった姉の和江は四年生に、二人は三年生として入学することになった。しかし、教科書やノートは買えず、友だちから見せてもらうしかなかった。

「裁縫の時間に〝今日は雑巾作るから針と布を持ってらっしゃい〟と言われる。でもうちにはそんなお金はない。親が畳をまさぐって、一円落ちていないか探している姿を見たら、頼めないでしょ。一銭だってくれ、と言えない」

「言えない、言えない」

「だからいっつも、私たちはバケツを持って立たされていたんですよ。〝長内、今日は何を悪いことしたんだ〟って、みんなに笑われる。何も悪いことしていないのよ。お金を忘れたって嘘つかないといけなかったの」

ある日、女性教師から二人は教員室に呼び出された。彼女は「長内さん、あなたのお父さん、お母さんはどんな仕事をしているの」と訊ねた。敏子は一瞬、躊躇したが「担ぎ屋をしています」と正直に答えた。すると「あー、そうか、分かった」と頷いた。それから彼女だけは二人を叱責することはなかった。

「社会科だって算数だって、帳面がなきゃ何も出来ないでしょ。その帳面も鉛筆もないんだから。楽しみなのは給食だけ。米軍から払い下げられた脱脂粉乳とかパイナップルのでっかい缶詰とか。牛肉の缶詰が手に入ったときは、〝煮込みを作るので茄子でも芋でも大根でも茶碗に一杯ずつ持って来なさい〟って言われるの。でも私たちは持って行くものがない。給食費だって一度も払っていない。給食を配る級長とか副級長とかはそれを知っているから〝長内どけ、お前はお金を出していないから駄目だ〟って。その牛肉の缶詰と一緒に煮込んだのは美味しいの。でも私たちは食べられない。そういう子どもが、クラスに一〇人ぐらいいた。私たちは食べた振りをして運動場で遊んでいた」

当時、妹の敏子は現在とは違い、大人しく無口だったという。活発で運動の得意だった栄子が、敏子をいじめる男子生徒たちをしばしば追い払った。

「一人だったらとっくに死んでいるわね」

栄子がしみじみ言うと敏子が頷いた。

「唄の文句じゃないけど、一人じゃ泣けるけど、二人だから泣けない。自分が泣いたら、お姉さんがもらい泣きしちゃったら困る。涙は見せられないっていう風に自然に育ったかもしれない」

ただし、姉妹が小学校に通ったのは二年数ヶ月間に過ぎなかった。家賃の未納が続き、旅館に居られなくなったのだ。

十二歳、生活のために「門付け」をする

彼女たちの経験は、ステージの上で磨かれて、黒光りがするほど、ぴかぴかの物語となっていた。二人の話を聞いていると、地球の裏側と電話で話しているような錯覚に陥ることがあった。過酷すぎて現実味がないのだ。二人は淡々とそして時に笑いながら悲惨な話を続けた。
二人の血筋は業が深い——。

父親は弘前の山を持っているほどの裕福な家の出だったという。しかし父親の祖父の遊蕩で家は傾き、一六歳から炭鉱夫として働くようになった。

以下は敏子の言葉だ。

「お父さんは小学校しか出ていないの。一六歳から北海道で炭鉱夫として働いて、年頃になって弘前に戻ってお嫁さんをもらった。子どもが三人産まれたんだけれど、奥さんが三三歳のときに亡くなった。子どもの一人、私たちにとっては腹違いの兄さんも三三歳のときに事故で亡くなっている。だから、私たちもずっと三三歳で死ぬものだと思い込んでいた」

一方、秋田県大館市生まれの母親も数え年で六つのときから奉公に出されていた。

「おばあちゃんは大館一の美人と言われたぐらいの人だった。鎧なんかが何体も置いてあるような大きな植木屋さんをやっていてね。おばあちゃんは、学校の先生をしていた脚の悪い人を婿にとらされた。そこでお母さんが生まれたのね。ただ、おばあちゃんは自分の亭主が嫌いで嫌いで。その学校の校長先生というのがいい男だったらしいの。おばあちゃんは校長先生に惚れて、脚の悪い亭主を追いだした。そしてお母さんも邪魔になった」

母親も祖母に似て容姿端麗な人だったのか、と訊ねると二人は「美人じゃない」と声を揃えた。

敏子はこう続ける。

「いい声をしていたの。若い頃は〝民謡歌手になりなさい〟って言われたほどだった。うちのお父さんはお母さんの声を聞いて惚れたっていうぐらい」

栄子は「苦労した人だったから歌に味があったのよ」と軽い調子で言った。

銭函を出た母親はその美声に頼ることに決めた。「門付け」を始めたのだ。

門付けとは、玄関先で人形芸を演じる、あるいは祝いの言葉を口にして、米や金銭をもらって歩くことを指す。家々の悪念を追い払い、福をもたらすとされてきた。現在の「漫才」の元となる「万歳」も、門付け芸の一つである。

母親は民謡を歌って、金を貰うことを考えたのだ。特別な衣装を着る金銭的な余裕はない。もんぺに草履、長いあいだ梳かしたこともない髪の毛を後で結わえたままの姿だったと敏子は言う。

「みんな忙しいし、勝手に表で歌ったって、聞く余裕はない。ごくたまに玄関を開けてくれるお百姓さんもいた。一合ぐらいの米を布袋に入れてくれたり、キュウリ一本くれたり。お金なんかくれる人はほとんどなかった」

「ない、ない」

栄子が頷く。

その生活は乞食と紙一重だった。

敏子はこう振り返る。

「人の家の前で歌を歌っても、全然開けてくれない。乞食のほうが食べ物を貰えるんです。乞食が林檎を貰ったことがあって、私たちはその後をついていった。林檎を食べると、芯とか捨てるでしょ。それをぱっと拾いに行こうと。〝乞食の方がまだ幸せだなぁー〟と思って見ていた。〝乞食になりたい〟って」

夜になると鉄道の駅の待合室で身を寄せ合って過ごした。当時、門付けの芸人は少なくなかった。その中の一人が釧路の大楽毛で馬市が開かれると教えてくれた。人が集まるので稼ぎになるのだという。

ところが――。

大楽毛に行ってみると、祭りは三日後からだった。それまでの滞在費を稼ぐ必要があった。そこで、母親は門付けをすることにした。大楽毛駅近くの雑貨屋を回ったとき、店主がこう言った。

――母さんじゃなく、そこにいる双子の娘に歌わせたらお金をあげる。

そこで二人が歌うことになった。母親の見よう見まねで民謡を歌ったのか、あるいは流行っていた美空ひばりの歌を歌ったのかははっきりしない。ただ、その場で金を手にすることが出来たのだろう、翌日から母親に代わって二人が歌うようになった。

自分たちは歌の才能があると以前から思っていたのかと問うと、二人は強く首を振った。

「私たちは歌うことが好きとか楽しいわけじゃない」

敏子は強い口調で言った。

「生活をしなきゃいけないからやっただけの話。今もそうよ」

栄子が言うと、敏子は深く頷いた。

大楽毛の馬市は多くの人が集まり、姉妹の歌は注目されることになった。二人は帯広から来ていた〝流し〟の男と親しくなった。その男はギター弾きで、帯広のテキヤの親分の息子だと名乗った。彼は「門付けよりも流しの方が稼ぎになる。これから自分たちは釧路の繁華街を流す。あんたたちもやったらどうだ」と勧めた。

この頃、釧路はサンマ漁で栄えており、釧路川沿いの繁華街は人で溢れていた。二人は母親に付き添われて、夜の街で歌を歌うことにした。そしてすっかり寒くなった十一月末ごろ、再びギター弾きから声を掛けられた。自分たちと一緒に帯広に戻らないかという。

盛り場の血の掟――「今日は見逃すけど、明日来たら殺す」

帯広の〝流し〟には、最初の半年間ほどは稼ぎの七割を地元の親分に渡さなくてはならないという掟があった。これは〝働き込み〟と呼ばれていた。

姉妹は、アコーディオン弾きと、釧路から二人を連れてきたギター弾きの四人で盛り場を回ることになった。ギター弾きは、二人が稼ぎを誤魔化さないための監視役も兼ねていた。

カラオケがなかった時代、流しは重宝された。小さな双子の女の子は酒場で人気を集めることになった。

敏子はこう振り返る。

「お兄さんは演歌のギターがすごく上手だった。そのギターに合わせて私たちが歌うの。そうしたらお客さんが喜んで、〝こっちにも来い〟っていう風になって、大人気になっちゃった」

二人が得意としていたのは、美空ひばりの『悲しき口笛』『東京キッド』、笠置シヅ子の『東京ブギウギ』といった流行歌だった。

「昼間、お姉さんと一緒にパチンコ屋さんの前に立って、流れてくる歌を覚えた。パチンコ屋っていうのは、流行っている歌をいつも掛けているでしょ。それから流しのお兄さんとギターを練習して、夜に歌ってみるんです」

流しの芸人たちは姉妹に優しく接してくれた。その人の良さは、際どい場所を歩いて来た人間の仲間意識でもあった。ぽんと背中を押せば、谷底に落ちてしまいそうな人間ばかりで、ヒロポン中毒も少なくなかった。

ヒロポンは商品名であり、メタンフェタミンという覚醒剤の一種である。薬局で販売されていた薬物ではあったが、常用性があった。流しの歌い手が呂律が回らない舌で歌う姿を見ていた。二人だけになったときには、「ここに染まってはいけない」と言い合っていた。

帯広に来てから生活は多少楽になった。しかし、取り分の中から、旅館代、米代などの食費を引くと余り残らなかった。それでも、初めて長靴を買うことが出来たのは嬉しかった。それまでは冬になっても丈の短いゴム靴で我慢していたのだ。

一九五一年の新年を帯広で迎え、二月に入った頃だった。病気が癒えて合流していた父親が「このままじゃうだつが上がらない。同じ流しをするならば、大都会の東京へ行くか」と言い出した。

以前から東京という文字は姉妹の頭にあった。流しをしているとき、飲み屋の女性からこう言われたことがあった。

——あなたたちは東京に出て働いてみたらどうかしら。東京はもっと広いわよ。

二人によると、銭函で通っていた小学校の修学旅行は東京に行くことになっていたという。修学旅行の積み立てはしていない。学校に通い続けていたとしても行けるはずのなかった東京だった。東京に行けば、憧れの美空ひばりに会えるかもしれないという淡い夢もあった。

働き込みの期間は終わっていなかったが、親分は快く送り出してくれた。帯広駅では、流しの男たちが歌を歌って見送った。

青函連絡船から列車に乗り換えて、上野駅に到着した。駅の周辺は空襲で焼け出された人間や、路上で暮らす戦災孤児たちの姿が見えた。十二歳の二人の目には、恐ろしい場所に映ったという。

東京にってはなかった。父親は上野駅でタクシーに乗りこむと「安い宿のあるところに連れて行ってください」と頼んだ。

車が停まったのは台東区の山谷地区だった。山谷には数万人の日雇い労働者が集まっており、彼らは「ハウス」と呼ばれる簡易宿泊所で暮らしていた。ハウスは一泊三〇円と安かったが、一家はそのやさぐれた空気に気圧された。そこで一泊五〇〇円の旅館に泊まることにした。

その夜、「近所の盛り場を見てくる」と出かけた父親は、鼻息を荒くして戻ってきた。

「浅草はすごいところだ。カフェが軒を連ね、夜中の二時、三時までネオンがギラギラしている」

翌日から、姉妹は父親と共に流しに出ることになった。

栄子はこう記憶している。

「お父さんがすごいキャバレーがあるから行こうって」

敏子がこう引き継ぐ。

「そうしたら店が秋田、広島とか一軒一軒、それぞれの出身地に別れているの。沖縄から北海道まで全部あった。お客さんも故郷から出てきて、自分の出身地の女の子に会いたいって通うんでしょうね」

「着物の人も洋服の人もいたよ。美人ばっかりだった。そういう人がみんな表に立っていてね、呼び込んでいるの。華やかな雰囲気だったよ」

栄子が口を挟んだ。

「店の前で民謡を歌っていたら、故郷を思い出したのか、お姉さんが千円札をくれたりね」

ただし、一帯で流しをしたのは数日間に過ぎなかった。ある店の前で歌っていると、客が歌を聴きたいと言っているので中に来てくれと呼ばれた。二階に上がると、布団の上で真っ裸であぐらをかいた男が座っていた。

敏子が面白そうにこう言う。

「裸に胴巻きだけしていて、そこにお札が沢山詰まっていた。今で言えば、土建屋の社長さんなんでしょ。今、終わったばかりで酔っ払っているし、パンツを履くのを忘れていたんでしょうね。横にいたお姉さんはそんなのは慣れちゃっているのか、全く気にしていなかった」

姉妹に付き添っていた父親は男の姿を見て顔色を変えた。

「お前たち、目を瞑れ。すぐに下に降りろ」

そのとき初めて、そこが浅草ではなく吉原の遊郭だったことに気がついたという。

その後、盛り場を求めて、池袋、渋谷、千住を訪れたが、どこも流しの組織があり、すぐに脅しを受けた。

「今日は見逃すけど、明日来たら殺すって」

敏子の言葉に栄子が頷く。

「お父さんがひどく殴られたこともあった」

いくつかの街を回り、たどり着いたのが浅草だった。浅草を仕切っていた親分が姉妹に流しをすることを認めてくれたのだ。

「(他の流しは) 私たちのことを大したことないと思っていたから、最初は大目に見ていたんでしょう。だけど、だんだんお客が私たちばかり呼ぶようになると、これはまずいと思い始めた。そこで北海道に帰らせようと思って、(マネージャーとして付いていた姉妹の) お父さんを殴る蹴るしたのよ」

困ったのは親分である。姉妹には一度、許可を出している。ただ、他の流しの突き上げを無視することは出来ない。そこで彼は一つの条件を出した。

——三味線を持っての流しならば続けることを認める。

これは実質的な締め出しだったと敏子は言う。

「三味線って人前で弾くのに最低三年はかかる楽器なのね。ちょっとやそっとでは弾けない」

すぐに安い三味線を二丁手に入れ、師匠を探した。そして、事情を説明し、一曲だけでも弾けるようにして欲しいと頼み込んだのだ。一週間で『夕暮れ』という端唄を覚えた姉妹は〝流し〟に戻った。

「センスがあった？　それもあったかもしれないけど、命がけだからさ。三年の習い事を一週間で学ばせてもらった」

敏子の言葉に姉の栄子が頷く。

「三味線弾くのも、歌も好きじゃないの。お金が欲しいからさ、やるしかなかったのよ」

素っ気ない口調だった。

呼ばれた先は浅草の〝暴力カフェ〟

当時の浅草は浅草寺を中心に繁華街が広がり、その周囲に無数の屋台が出ていた。隅田川沿いの小道には〝暴力カフェ〟と呼ばれる店が軒を連ねていたという。

この手の店で姉妹は重宝された。

「お客を見つけるとお姉さんたちが五、六人で担いで無理矢理、店に入れちゃうの。それで私たちを呼んで〝この子たち流しなの。可愛いでしょ〟って一曲歌わせる。お客が私たちにお金を払うときに財布を覗き込んで値踏みするというわけ」

敏子は笑いながら続けた。

「でかいフルーツのデコレーションとかビールとかどんどん頼むの。お姉さんたちはビールなんか飲みゃしない。(陰で)植木にジャーッ(と捨てる)。それで有り金を全部取っちゃう。背広まで脱がされて、すっぽんぽんにされた人までいた」

そうそう、と栄子が頷く。

「裸で外に放り出されてね、思わず笑っちゃったこともあった。警察も見回りに来ていたけど、戦後のどさくさだったからね。貰ったばかりの給料を全部取られた人もいて、可哀想だったわよね」

敏子によると、夜の浅草には二人と同じような年頃の子どもたちが多数、街に出ていたという。

「靴磨き、花売り娘、チョコレート売り。芸者みたいに白塗りしてお酒の相手をしている女の子もいた。飲み屋で歌っていると、客から〝飲みな〟って言われるの。店側も飲ませて売り上げにしたい。でも、私たちは絶対に口にしなかった。歌ひとすじで生きていこうと決めていた」

酒に付き合わない流しはいらないと入店を断られることもあった。しかし、二人は自分たちの流儀を貫いた。その理由を敏子はこう説明する。

「流しの人はみんな飲んだ。それでアル中になっていくの。手が震えて、歌っても金はいらないから、一杯だけ飲ませてください、なんて人もいた。だから最低の仕事って世の中から見られていた。そうならないでおこうと話していた」

敏子たちは美空ひばりの曲を得意としていた。

「その当時のひばりさんは天下をとったような人気でしょ。私たちより少し上、一四、五歳の人もひばりさんを歌っていたけど、お酒を飲んで男の人と寝ているから、ひばりさんの雰囲気が出ないの」

栄子が応じる。

「そうよ。私たちよりもずっと上に見えた」

男女の営みの写真を二人に見せて反応を見る客もいた。そんな中でも自分たちは毅然とした態度で歌い続けたのだと敏子は胸を張った。

「十二、三歳になっていたから、何をやっているのか、分かりますよ。でも私たちは知らんぷりして歌うわけよ。もうカマトトぶりもいいところ。そうしたらお姉さんたちが、この子たち分からないんだから可哀想じゃないのって止めてくれた」

姉妹は手を繋いで、ぽっかりと口を開けた暗闇の縁をそろそろと歩くような状態だったのだ。

やがて流しの生活は終わりを迎える。姉妹の軀は成長と共に女らしい丸みを帯びるようになり、青い果実のような色気を発散し始めていた。これが邪魔になった。

「十三、四歳になると（客が）胸に手を入れてきたり、お尻を触ってくるの。（飲み屋の）お姉さんたちも女らしくなってきたというので、（嫉妬心からか）あの子たち呼ぶのやめましょうという風になってきた」

流しをやめることは敏子が言いだし、栄子と相談して決めた。

「私たちが流しをやめるって言ったら、他の流しの人が喜んだのなんのって。それまでフンっていう（ふうに横を向いていた）人が喜んで、餞別を二、三万くれた。当時は大金よ」

次の商売として考えたのは、料亭の座敷に上がることだった。これならば歌に集中できるはずだった。名刺を配り、自宅に連絡用の電話を引いた。準備は万端だった。

しかし――。

敏子はこう振り返る。

「半年経っても電話が一本もない。餞別貰ったから二度と流しに戻りたくない。意地でも戻るもんかって思っていた。そうしたら貯金通帳の底がついて、どうするんだと親が泣き出しちゃった。それで私は〝お父さん、お母さん、もうちょっと経って駄目だったら、私が吉原に身を売ってでも食べさせるから、心配しないで〟って」

いよいよ追い詰められた頃、電話が鳴った。以前から目を掛けてくれていた浅草の税務署の役人だった。合羽橋道具街の旦那衆から接待を受ける。その座敷に来て欲しいというのだ。税金のお目こぼしを目的とした官民接待である――。

二人は『明治一代女』、さらに『白虎隊』を歌ったという。すると、隣の座敷から声が掛かった。

「私たちが入って行くと、〝君たちみたいな子どもを呼んだ覚えはない〟って。そうしたら女将さんが〝社長、この子たちがさっき歌っていたんですよ〟って。大人っぽい歌声だったから、私たちだとは思わなかったみたい。〝じゃあ、歌ってみろ〟と。歌ったらすごく喜んでもらった」

「そうそう、喜んじゃって、もう」

栄子が合いの手を入れる。この出会いが姉妹の人生を好転させる。男の名前は新田新作といった。

レコードデビュー、紅白出場――やっと摑んだ幸せ

仕事がなくて困っていたときに税務署の役人から呼び出されて、新田と出会う。「すごい運ですね」と、ぼくが言った。すると二人は「本当なんですよ」と声を揃えた。

新田は一九〇四年に生まれた。一七歳で上京、焼け野原となっていた日本橋界隈の整理を引き受け土建業界に進出した。自らの名を冠した新田建設を立ち上げ、駐留軍の施設建設などを手がけている。さらに再建は不可能だと言われていた明治座の復旧工事を松竹から請負い、後に自らのものにした。

表の顔は「明治座社長」、裏の顔は日本橋浜町を本拠として蛎殻町一帯の賭場を仕切る旧関東国粋会の流れを汲む親分である。

新田は政財界にも顔が利いた。吉田茂政権下で冷遇されていた鳩山一郎配下の三木武吉、河野一郎、山村新治郎らを忘年会を兼ねて料亭に招待したこともある。その会で河野は一〇〇万円を貰ったと自伝に書いている。

また、大相撲を廃業した力道山の面倒を見たのも新田である。当初、力道山は新田建設資材部長として駐留軍の建設現場に出入りしていた。プロレスラー転向後の一九二八年、新田建設敷地内に道場「リキジム」を作った。力道山をプロレスの絶対的存在に押し上げた後援者だった。

新田は姉妹にこう頼んだ。

仕事の関係で一日に五、六ヶ所のお座敷を回らなければならない。しかし、全てに行くのは無理。だから、新田から言われてきましたと、お前たちが座敷で盛り上げてきてくれ——。

接待要員である。

「私たち、一つのお座敷で一時間五〇〇円にしていたの。新田さんから言われて行った料亭で、お父さんが〝おいくら〟って聞かれたの。そのときお父さんは女将さんが出してくれたトンカツかなんか口に入れていたから返事が出来なかった。それで掌を開いた。そうしたら女将さんが勘違いして、一座敷五千円になった」

敏子の言葉を栄子が引き継ぐ。

「やっていくうちに評判が良かったんでしょうね、また上がったの。一日に三、四のお座敷に行くから売上げが五万円にもなった。六〇年以上前の五万円ですよ。だから、すぐにお金を貯めて家を建てたんだから」

二人の息抜きはあったんですか、と訊ねると「映画は良く観に行ったわね」と声を揃えた。

「浅草に三本立ての映画館があったの。夕方の四時ぐらいまで三本観て、終わってから喫茶店に行って二人でディスカッションするの。主役の人はどういう気持ちであんなことを言ったんだろうって」

「そうそう」

「互いにああだね、こうだねって喋って、うちに帰って化粧して、夜になると仕事に出かけるの」

ああ、そういえばと敏子が素っ頓狂な声を出した。

「浅草の花屋敷にちっちゃなローラースケート（場）があった。滑ってみたら面白かったの。それで後楽園にもっと大きなローラースケートがあるというのでそこに行くようになった。プレスリーが人気で、ヒット曲を掛けて何百人もの人がスケートを滑るんですよ。この人はスピードが好きだから」

敏子に指された栄子は「私はスピード好き」とこくりと頷いた。

「ローラースケートの靴って高いの。それを私たちは自分の稼ぎで注文して作った。流行のペチコートを履いて滑った。ペチコートも高かったのよ。そんな二人だから目立っていたんでしょうね、わざと当たってくる男がいるの。転ばせて助けにきた振りをするってわけ。こっちもそんなの分かっているから、転ばされないように、ポーンとよけるんです。普通の女の子なら転んじゃうんでしょうけど、こっちはそうはいかないから」

敏子はくすくす笑った。

そして五九年にレコードデビュー。美空ひばりにあやかり、鳥から芸名をとって「こまどり姉妹」とした。三味線を抱えた和服の双子として人気を集めるようになる。六一年、『ソーラン渡り鳥』が大ヒットとなり、ＮＨＫ紅白歌合戦に出場した。

二人とも年頃の女性である。男性関係はあったのかと聞くと、揃って「そりゃ、いたわよ」

と笑った。

「お茶を飲みに行こうという人は何人もいた。でもね、やきもち焼きで、ファンの方が握手をしてきたり、一緒に写真を撮りましょうって肩を抱いてくると怒鳴りつけるのよ。呆れちゃうじゃない？」

敏子は大袈裟に顔をしかめた。

「その当時の男の人は、そんな人ばっかり」

栄子も頷く。

「すぐに〝歌を辞めろ〟とか言うんだもの。あの当時の私たちに歌を辞めろなんていうのは馬鹿でしょ。そんなの相手にしていられないわ。こっちは親を養っていかなきゃいけない。きょうだい、親戚もみんな貧乏しているんですから」

敏子は口を尖らせ、こう続けた。

「お父さんとお母さんは再婚同士だから、それぞれ田舎に残してきた子どもたちに気を遣うわけよ。お母さんはお父さんの青森に残してきた子どもに畑を買ってあげなさいとか、家を建ててあげなさいとか。逆にお父さんもお母さんの子どもたちに、東京に呼びなさいとか、マネージャーにしてあげなさいとか。そうするとお金が掛かる。全部、私たちの働くお金なんだもの」

「そうそう」

二人ともあっけらかんとしており、親を咎めるような調子は一切なかった。

唯一の贅沢は自動車だった。

運転の好きな栄子は、日産自動車のセドリック、その後、シボレーの大型車を購入した。

「私はデビュー前の一八のときに免許をとっていた。それでアメ車を買ったの。小さいから（前が見えないので）座布団を敷いて運転していた。私、スピード狂だから、もの凄いスピードで運転してね。そうしたら母親が事故を起こして死んじゃうと困るからって免許を隠しちゃってさ。それで運転出来なくなったの」

一方、敏子は英国車のジャガーだ。

「私は全然、車のことは分からなくて、ジャガーが格好いいからって薦められて買った。真っ白で前が長くて二人乗り。日本に何台もないって。一千何百万円もしたわね。でも私は免許を持っていないのよ。事務所で働いていた男の人が二、三人いたから、その人に運転させて私が助手席。そうしたらみんなその男の人の持ち物だと思っちゃうの。私よりもそっちの顔を見るから悔しくて売っちゃった」

流麗な形で最も美しい自動車と称される、ジャガーのEタイプだろうか。この車は歌手の城卓矢の手に渡ったという。

この幸せな時代は長く続かなかった。

CLEARTONE'S ORCHESTRA
40
CLEARTONE'S ORCHESTRA
ANNIVERSARY 33
CLEARTONE'S ORCHESTRA
ANNIVERSARY 35

M 2308

敏子、ステージで刺される

六六年五月九日、こまどり姉妹は鳥取県倉吉市立福祉会館でリサイタルを行うことになっている。これは市内の商店街が主催した会で、一日三回公演の予定だった。

まずは姉の栄子に話を聞こう。

「一日二通ずつ、私宛にファンレターが届いていたの。貴方は運命の人だとか書いて血判を押したのが速達で送られて来ていた。どこそこで待ち合わせしましょうと書いて来たことがあったり。その後の手紙ではぼくは待っていたのに来なかった、（一緒になれないならば）二人で自殺しようとか。それまでは、あんまりおかしい内容なので（マネージャーの判断で）私たちには見せなかった。その人が倉吉の近くに住んでいるというので、行く前に手紙を見せてくれたの」

一回目の公演は時間が早いこともあり、年配の客ばかりだった。その最前列に思い詰めたような表情をした若い男が座っているのに、栄子は気がついた。

妹の敏子は後から聞いた話だと前置きした上でこう言う。

「青白い顔をした人が〝ファンだから会いたい〟って地下の楽屋のドアの前まで来ていたの。お付きの人が、〝ここは女性の部屋だから男性は入れません〟って押し問答してね。ドアが開いたとき、お姉さんとは眼があったらしい。そのとき新聞紙に包んだものを持っていた。何を持っているのって訊いたら、〝ぼくは大工だから金槌やのこぎりを持ち歩いている〟って。さすがに中を見せろとまではお付きの人も言えなかった」

　そして二回目の公演が始まった。

『流転舟』という歌の一番を歌い終わり、間奏に入ったときだった。花束を持った男が立ち上がり、舞台の袖に近寄ってきた。ファンを大事にする二人の舞台ではよくある光景である。敏子はいつものように客席に近づき、花束を受け取ろうとした。

　すると――。

「その青年が私の手をとってね、客席に引きずりこもうとしたの。私も若かったから結構力があった。（かかとの）高い草履で着物を着ていたけど、引っ張られなかった。そうしたら私の手に掴まって、（舞台に）あがってきちゃったの」

　それを後方で見ていた栄子はさっきの男だと気がついた。

「私は楽屋に来たとき、ぱっと隠れたの。それで（公演が始まる前）妹には〝前の方に行かないで〟って頼んでいた。男が上がってきたとき、もうどうしょうもないと思った」

　男は新聞紙に包んでいた刺身包丁を取り出すと、敏子に斬りつけた。栄子と間違えたのだ。その包丁を敏子は咄嗟に左手で払った。

「首を狙いに来たのね。刃物だと分かったから払ったの。私、左利きだったから左手で。そうしたら包丁がお腹に刺さった」

私は包丁が刺さったまま、三メートルぐらい後に吹っ飛んだのよと敏子は目を見開いた。

三メートルも飛ばされたかは分からない。ただ、腹部を刺された衝撃はそれぐらいの感覚だったのだろう。男は包丁を引き抜くと、もう一度、刺そうとした。そのとき舞台の上に関係者が飛び出し、男を取り押さえた。すると男は自分の腹部を刺し自殺を図った。

「飛ばされて起き上がろうとしたら、お姉さんが、〝敏ちゃん、動くんじゃない。手で(傷口を)押さえなさい〟って叫んでいる。押さえていたって、あたり一面は血の海よ」

救急車を呼べ、いや、それじゃ間に合わないという声が敏子の上を飛び交っていた。商店街の人間が、近くにトラックがあると言い出した。敏子はトラックの荷台に載せられて、近くの医院のところに運び込まれた。

「(会場を運び出されるとき)ステージの横に鏡がついていたの。そこに着物を着て化粧をしたお人形さんのような自分が映っているのだけれど、それがすっと消えたの。目が見えなくなったみたいに。それで首を振ったら、また見えてきた。〝ああ、自分はまだ生きている。私、なんでこんなところで死なきゃいけないの〟って思った」

運があったのは、その古ぼけた医院に経験豊富な医師がいたことだった。

「年取った先生だったんだけど、軍医をやっていた人だった。兵隊さんの足や手が飛んだというのを縫った人だった。だから、私を見てもびっくりしないわけよ。若い人だったら私の怪我を見て卒倒したでしょうね。その先生は〝どれぐらい刺されているんだろうね〟と言いながら、針金みたいなのを傷口に入れたら、背中まで通っちゃった。〝これはひどいな〟って」

後の発表によると左側腹部の傷の深さは二〇センチ。腸管刺創による急性腹膜炎を併発していた。一撃を払った左手首の切り傷も十数センチにも及んでいた。八〇〇CCの血液を使って四時間にも及ぶ開腹手術が行われた。

手術中、敏子の頭に浮かんだのは母親の言葉だった。

「母が私たちを産む前に井戸に落っこちて仮死状態になったことがあった。それで大工さんかなんかに〝長内のねえさーん〟って呼ばれて〝はーい〟って返事して息を吹き返したって。だから〝何かあったときは、声出していれば生き返るかもしれないよ〟と聞かされ続けてきた。だから私、手術中、一生懸命叫んでいたの」

幸い手術は成功し、敏子は東京の病院で療養することになった。ただ、左手首の腱が切れており、もう二度と三味線が弾けないかもしれないと言われた。すると、事件の直後、レコード会社が次々とこまどり姉妹を連想させる女性二人の歌い手をデビューさせたのだという。

「私たちはもう駄目だって、三味線弾きの女性コンビを沢山デビューさせたのよ」

栄子が尖った声で言った。

「私が死んだらこまどり姉妹はいなくなるもの。死ななくても復活は不可能だろうって。それでレコード会社は、双子じゃないのを双子に仕立てたり、姉妹だったり。それが悔しくてさ。病院に麻雀パイを持ってこさせて、ベッドの上でジャリジャリ、ジャリジャリやっていたの。最初は動かなかった手がだんだん動くようになった。柔らかいボールを握ってリハビリしたりね」

三ヶ月後、敏子は三味線を持って舞台に現れた。栄子からは「三味線を弾かなくてもいい。横で立っているだけでいいから」と言われていた。再び舞台に立つことが姉妹の意地だったのだ。

試練は終わらなかった。

事件の直後、経理担当者が巨額の税金を滞納していたことが発覚。これは家族経営で後ろ盾のなかった自分たちの事務所を潰すために、大手プロダクションが仕掛けた策略だったと二人は信じている。

「退院する間際だった。あの当時で一億円近い税金だよ」

敏子はため息をついた。

この追徴金を払うため、姉妹は〝キャバレーまわり〟を始めることにした。これは芸能界の表舞台から降りることでもあった。

「キャバレーに出たら落ちぶれた歌手でしょ。だから紅白には出られなくなる。でも私たちは元々お金のために働いてきたんだから、そういうのにはこだわらなかった」

紅白連続出場は六七年の大晦日で、七回連続途切れることになった。

裏切り、癌発覚と闘病…それでもステージに立ち続ける理由

人は簡単に裏切ることを実感したのもこの頃だ。

「当時は現金商売。一〇〇円札、千円札で何百万って貰うの。そういう金を持ち逃げされた。あの人が駄目だったから、次はこの人ってお願いするでしょ。その人も最初はいい人かと思っていたのだけれど、お金を目の前にすると狂っちゃうのね」

敏子が言うと、栄子が頷いた。

「そうよね。三、四人いたかしら、そんな人が」

さらに——。

追徴金を払い終えた頃、敏子が子宮癌であることが判明した。三三歳のときだった。前述のように三三歳は姉妹にとって不吉な年齢だった。癌は肺にも転移していた。絶望的だった。

「病院の先生から〝貴方は癌の末期だから半年以内にはこの世にいない〟とはっきり言われた。半年以内の命だったら、もうどうしょうもない。私はステーキが好きだったから、銀座のスエ

ヒロに行ってさ、分厚いステーキを食べたの。でも味がしないの。だって明日死ぬかもしれないって言われていたから。死刑囚ってこんな気持ちなのかなと思った」

姉の栄子は治療費を捻出するため、有り金をはたき、不動産も売った。さらに借金をして様々な薬を取り寄せた。栄子によると「結局、どの薬が効いたのか分からないんですけれど、不思議なことに癌が治った」という。

この頃、栄子には結婚を考えていた男性がいた。敏子は栄子に「結婚は後でもいいから、子どもを先に産んで欲しい」と頼んでいる。

「子どもを身ごもって欲しい。その子を私だと思って育ててください」って」

七四年、栄子は娘を出産した。姉妹と同じ「寅年」だった。

「一家に虎とか龍とか猛獣の年の生まれが三人いると、どん底からでも立身出世するという言い伝えがあるの。うちのお父さんが明治三五年産まれの寅だった。私が癌になったときにお父さんが亡くなった。虎二匹になっちゃったと思ったら、(姉の)娘が寅年。だから復活できたのよ」

ねずみ年とかうさぎ年だったら駄目だったと思うのよと敏子は笑った。

栄子は娘の父親とは結婚しなかった。闘病中の敏子を支えるため、栄子は一人で舞台に立って歌わなければならない。その中で結婚を発表することは差し障りがある。籍を入れるのは待って欲しいと言い続けているうちに、距離が開いてしまったという。

子どものときは両親のため、その後も家族、生活の糧を稼ぐために姉妹は歌い続けた。いつも二人の幸せは後回し、である。それを哀しいと思ったことはないのですかと訊ねた。

「若いころはアベックを見たら羨ましいことはあったわよ。だから楽屋で『ダニーボーイ』とかをレコードで聞きながら、二人でぽろぽろ泣いた。『ダニーボーイ』は哀愁のある歌でしょ。そのときは、〝まずは親孝行してお金を貯めて、三四（歳）ぐらいで引退。青春は歌を終わってからにしよう〟と言い合っていたの。そうしたら私が刺されたり、税金を払わされたり、癌になったり。予定は狂いっぱなし」

敏子が言うと栄子が「そう、そう」と頷いた。

「占いによると、寅年生まれって人のために尽くして働き続けるらしいの。ほんとそんな人生。でも、今考えると、私は命を何回も貰っている。私たち、人の何倍もの人生送っているものね」

そうよね、と栄子と何度も頷いた。

芸歴六〇年、決してぶれないもの

こまどり姉妹が出演するのは、コンサート会場だけではない。

秋のある日、二人は山手線の駅前にあるスナックにいた。十数人座れるカウンター、奥にテーブル席のある、こじんまりとした小綺麗な店である。髪の毛が白くなったスーツ姿の紳士の客が多く、店の人間らしい着物の女性が世話を焼いていた。

この日、二人は黒に金と銀の模様をあしらったお揃いの着物を身につけていた。そして、カラオケモニターの前に立つと「みなさん、こまどりでございます」と挨拶した。

喋るのは、やはり敏子である。

「年だから歌えないでしょって良く言われるんですけれど、歌えなくはないんです。歌える。ただ、昔のような声じゃないんです。昔は何の苦労もなく、声がころころ出たもんです。若さって素晴らしいわねぇ」

「そうよねー」

栄子が相づちを打つ。

「顔の肉も全部（垂れ）下がってきちゃってね。えっ？　昔と一緒？　そんなことはないわよ。お化粧するのが大変なんだから。まあともかく、みなさんにお目にかかれて嬉しい。今日は昔を思い出して歌ってみます。それでは割引して聴いてくださいね。デビュー曲の『浅草姉妹』です」

そしてカラオケのスピーカーからオーケストラによるもの悲しい旋律が流れた。

自分たちの生い立ち、門付けでの苦労、倉吉市での傷害事件、癌からの生還――。曲の合間に敏子が話を進めていく。

「双子って言いますけど、私とお姉さんは全然違うんです。お姉さんは料理も上手だし、手先も器用で本当は洋服のデザイナーになるつもりだった、歌は一八歳でやめるはずだった。私は親孝行のためにレコードを一枚出したかったんです。うちのお父さんは青森の弘前の人。門付けや流しをやって乞食みたいな仕事をしているから〝村には二度と戻るな〟って言われていたんです。私が一枚レコード出せば、お父さんが青森に帰れるんじゃないかと思った。売れる売れないは関係なかったんですよ」

「そうよ、そう」

「藤田小女姫《こととめ》って私たちと同じ年の有名な占い師の方がいたんです。その方に占ってもらったら、〝妹さんは名前が悪いから芸能界では駄目だ〟と。〝お姉さんの方が向いている名前だから、お姉さんを連れて行きなさい〟って言われたんです。お姉さんは歌手になるつもりはなかった」

藤田小女姫は霊感があるという触れ込みの人気占い師だった。九四年にハワイで射殺されている。

「小女姫さんに言われたので、一緒にレコード会社のディレクターのところに連れていったんです。そうしたら（作曲家の）遠藤実さんがいた。遠藤実さんが二人を見て〝演歌版の（ザ・）ピーナッツを作ろう〟って閃いたの。それで〝お姉さんも一緒に歌いましょう〟って。そのとき、お姉さんは声が出なかったの。そうしたらお姉さんは下（のパート）だけ歌えばいいから、妹さんの横に立っていればいいからって一緒にデビューすることになってね。最初は一年だけ一緒になるという約束。一年経ったらレコードが売れちゃって、辞められなくなったの。そうしているうちに六〇年。不思議なもんよね」

「ねぇ、不思議よね」

栄子は他人事のように頷く。

この日は三曲歌った後、栄子の踊りの時間となった。敏子はカウンターの客に挨拶をして、外に出た。階段の横にある喫煙所で一服するためだった。

「時間はどのくらい経ったかしら？」

敏子はぼくの顔を見ると訊ねた。

「三二分です」

丁度だという風に彼女は頷いた。

「この後、三味線弾いて、『お吉物語』と『岸壁（の母）』をやって、新曲で締めて丁度一時間。あんまり長くやってもお客さん飽きちゃうから。盛り上げて適当なところでパッとやめる。それでみなさんとお写真を撮ったりした方が喜ばれるのよ」

『お吉物語』『岸壁の母』、共に有名な演歌である。

「きちんと構成を考えているんですね」

ぼくの言葉に敏子は「もちろんよ」と大きく頷いた。

取材のとき、二人がこんなことを言っていたことを思い出した。

「歌手になる人は九割以上、歌が好きな人でしょ」

と珍しく栄子が話を振ったことがあった。

「だから自分の歌に酔っている人が多いもの。私たちは全く酔っていない」

敏子が厳しい口調で返した。

「私たちは全然よ。私たちはお客さんがどんな反応をしているのか、どんな歌を好きなのかステージの上から見てる」

「そうよ、歌いながら見てる。だから喜ばれる」

大切なのは客を喜ばせることだと敏子は強調した。

「全盛期は前座に漫才の人を二組使っていたの。真ん中で芝居をやったりとか。そういう企画構成を考えて、お客さんに喜んでもらうのは根っから好き」

敏子は煙草を吸い終わると「そろそろ、戻らなきゃね」とスナックの扉を開けた。そしてマイクを持つと「ありがとうございます」と腰を折るように丁寧に頭を下げた。

千人を超える会場でも二、三〇人のスナックでも二人の態度は変わらない。客から望まれる限り、彼女たちは場所を選ばず歌い続けることだろう。命の火が燃え尽きるまで芸の道を歩く——まさに全身芸人である。

エピローグ

二〇一八年九月末、東京駅発博多行の新幹線は混んでいた。通路側の席に腰掛けると、取材ノートを開いた。これから会う人間のことを思い浮かべ、質問をまとめるためだった。思いつくままにびっしりと頁を埋めることもあれば、一文字も書かないこともある。取材前の儀式のようなものだ。この日は何も思い浮かばず、しばらくしてノートをぱたんと閉じた。

この日の夕方、大阪である女性と待ち合わせをしていた。

彼女はこれまでほとんど表に出てきていなかった。破れかぶれの人生を面白おかしく語っていた男が、手加減してくれという顔をしたのは彼女たち家族に触れる部分だった。

芸人相手であれば、ぼくはきつい質問を投げかけることをためらわない。彼らは自分の看板を押し出して、世の中を渡ってきた人間である。自らをさらけ出す覚悟は出来ているものだ。しかし、家族は違う。彼女たちは男から迷惑を掛けられっ放しだったはずだ。思い出したくない嫌な思い出も沢山あるだろう。どこまで聞いていいものだろうかと思案していたのだ。

待ち合わせ場所は大阪駅に近い、ホテルのロビーだった。早めに着いたぼくは、ロビーに併設したカフェに入ることにした。約束の時間より少し前、きょろきょろと首を振っている女性が目に入った。ぼくは立ち上がって、「こっちです」と呼んだ。

月亭可朝の娘、のり子だった。

今回は時間を頂きありがとうございますと礼を言うと「パパと付き合いのあった人とお話をするのは楽しいんです。私たちの知らない話が沢山ありますから」と小さく頭を下げた。

三島駅で会っていますね、と言うと「ああ、そうでした」と頷いた。

「あのときはマネージャーという名目で連れていってもらいました。単なる付き添いでしたけど」

大きなつばの帽子が似合いそうな、ふんわりとした印象の女性だった。大きく、くっきりとした目が可朝に良く似ていた。

「死ぬとは思っていなかったんです。だからね、びっくりしました。本人もびっくりしていると思う。死んだ自分を見て、ええって驚いてるんちゃうかなと」

くすりと微笑んだ。その顔を見て、彼女に訊いていいのかという迷いが一気に吹き飛んだ。

「最初、仕事中に救急隊の方から電話が掛かってきたんです。〝腰が痛くて動けなくなった、娘に連絡してくれと言われた〟と。腰が痛いっていうから、ぎっくり（腰）かなんかしたんかなと思ったんです。それで〝仕事が終わってから行きます〟って。行く前に母に電話をして、かくかくしかじかやけれど、大丈夫やねって。母も〝大丈夫やないかな〟って返事でした。そうしたら病院でえらく待たされたんです。ナースさんがやってきて、〝えらく大変なことになった〟とおっしゃるんです。〝お腹の動脈が裂けている、最後まで裂けていたら死んでいたけど、途中でひっかかったから助かった〟と。結局、これは誤診やったんですけれどね。この病院では治療できないので近くの病院に移ることになっていたんです。それで転院する前に会えますかって言ったら、会えますと」

のり子は泣きながら、可朝の寝ているベッドに駆け寄ったという。

すると――。

「パパって呼んだら、〝よしこちゃんか？〟って言うんですよ。私、のり子じゃないですか。その瞬間、涙がぱっと涸れました。〝パパ、誰呼んだん？　私、のり子やけど〟って言うと〝おー、のりちゃんか〟って。家に帰って母に話したら、〝誰か（交際している女性が）おるんや〟と。それから私は出来る限り、毎日病院に行ったんですね。で、他に誰もいないときに、〝パパ、誰か見舞いに来て欲しいとか、会いたい人とかおる？〟って、よしこちゃんのことを頭に置きながら聞いたんです。でも〝おらへん〟って言うからそれで終わりました。最後までよしこちゃんって誰か分からないままでした」

フフフとかすかに笑った。

可朝の入院生活は四〇日に及んだ。二度の転院の後、最後はぼくたちが一緒に行った、かかりつけの大学病院が最期の床となった。

「いつもやったら、〝ワシみたいなもんのところにそんなに来んでええで〟って言うんですけれど、その日はずっと私の手を握っていたんです」

突然、のり子は涙声になった。ごめんなさいね、と鞄からハンカチを取り出した。

「帰る時間になったので、また来るわって言ったら、〝また来てな〟って。翌日は母に行ってもらうことになっていたんです。その次の日、仕事をしていたら、お昼ぐらいに病院から様態が急変しましたって連絡が来たんです。それで兄と母に電話して病院に走りました。そうしたら元気でケロッとしてるんです。ああ、元気や、良かったって。病院からは、〝さっきは顔色が変わって、呼吸も止まっていた。急に呼んでごめんなさい〟と言われました」

そのとき、彼女は買ったばかりの薄手の赤いコートを手に持っていた。ベッドに横たわっていた可朝はコートを目に留めるとこう言った。

「それ、後から色着けたんやな」

のり子はその瞬間、何の話をしているのかと首を傾げた。コートの色のことだと判り、うんうんと頷いた。

それが可朝の最後の言葉になった。

「その後、父はうとうとしていたから、後から来た兄と一緒にお医者さんから話を聞きました。もう治療は終わったから、リハビリの出来る病院に移って下さいという話だったんです。その手続きがあるので翌日、母が病院に行ったんです。母が〝来たよ〟って言ったら、ふんふんっていう感じだったらしいです。その翌日の朝方、様態が急変して亡くなったんです。私と兄、母の顔を見て、それで逝ってしまったんかなぁと」

イメージ的にややこしいことをして死んで行くのかなと思っていたんですけれど、すーっと逝った、それも父らしいですねと、涙を拭いた。

二〇一八年三月二八日朝、急性肺線維症で可朝はこの世を去った。三月一〇日に八〇歳になったばかりだった。

※

お父さんと仲が良かったんですね、と口を挟むと「子どもの頃はずっと父のことが嫌いだったんです」と言った。

「父が外でどういうことをしているのか全然知らずに育ったんです。家にも馴染まなかったし、全然いなかった。夜中に帰ってきて、私が学校行くときは寝ていました。夜中に（人数が減っていないか）数えに帰ってくる感じやったんちゃいますか。〝あの人ね、家一歩出たら独身やって言うてたよ〟って母から聞いてます」

可朝なりの考えがあったようで、毎年、運動会だけは必ず姿を現したという。兄とのり子が出る競技だけを観て、さっと帰る。二人に声を掛けることもなかった。

親子の距離はなかなか縮まらなかった。

「小学校のときでした。ある朝、ピンポーンって鳴ったんです。ドアを開けたらお巡りさんが立っていた。〝パパを呼んでくれ〟というので、起こしに行って、〝パパ、お巡りさん来てるよ、私は学校に行ってくるわ〟って。それで、その日かその翌日、クラスの男の子が、お前の父ちゃん、借金まみれでどうこうって言うんです。私は何のことか分からなかったんです。そうしたら仲の良い女の子が〝やめてあげよ〟って言ってくれた。おかしな話やなぁと思いながら、家に帰ってテレビを付けたら、パパが捕まったというニュースをやっているんです」

母はすばやくテレビを消すと、買い物行くよ、と立ち上がった。

「はいはいって思いながら、付いていきました。ところが、家のドアを開けたら、カメラを首から吊った人が歩きながらパシャって。母はすぐに家に戻って〝買い物やめ〟ですよ。それからすごい数の取材の人が来た。ワイドショーがすごい時代だったでしょ。ピンポーン、ピンポーンってされて、家の中で兄と私は〝嫌やね〟って言い合ってました。その後、父は何泊かして帰ってきました」

可朝はのり子の部屋の扉を開けると顔を出した。そして「なんか、迷惑掛けて悪かったな」と軽い調子で詫びた。

「私はなんのことっていう顔をして、それで終わりました」

その後、のり子は家の外で父の存在を極力消すことを心がけるようになった。

「うちの父親がこうなんですって言わないようにしていました。隠して、隠して、それでも〝お父さん、何してるの〟って訊かれることがある。そのときは〝好きにしてる〟って答えてました」

その関係が変わったのは、彼女が働き始めた頃のことだ。

「社会人一年目のとき、会社で上手くいかなかったというか、頭を打たれたんです。そのとき、父は毎朝、ラジオをやっていたので、車で大阪に出ていた。一緒に乗りたくなかったんですけれど、なんかのきっかけでその車に乗ることになった。三〇分か四〇分、話をすることになるじゃないですか。なんとなく会社のことを相談してみたら、ハハハって笑うんです。〝そんなんで悩んでるんか〟って。〝ワシはサラリーマンを知らないから、組織のやり方というのは分からん、ただ生きていくうえでこんな風にやったらええんちゃうか〟って。それを聞いて、やっぱりちゃんと働いてはる人なんやなと思った。それから毎日、昨日こんなことが起こったって話すようになったんです。そのとき、私は後悔したんです。学生のときから仲良くしておけば良かった。そうしたらもっと吸収できていたのかなと。嫌いやった時間がもったいなかったと思いました」

それからのり子は、可朝の高座にも足を運ぶようになった。

「『住吉駕籠』っていう落語があるでしょ。最後に駕籠から出ている足の数が八本っていうのがオチなんです。ところが六本って言ってしまった。終わってから〝パパ、六本って言うてたよ〟って教えたら、〝ほんまかー、お客さん分かってたかなぁ〟って。分かってたんちゃうかなぁ、足は八本やからねって言うたら〝そやなーっ〟ですよ」

『住吉駕籠』は、古典落語の演目の一つで『蜘蛛駕籠』とも呼ばれる、二人の雲助を主人公とした落語である。話の終わり、相撲取りが駕籠に乗る。一人だと偽っていたが実は二人だった。それに気がついた雲助が文句を言うと相撲取りたちは自分たちも力を貸すからといって駕籠から足を出すのだ。駕籠から四本、雲助の足が四本。蜘蛛のように八本の足になっていたというオチだ。

「それ以降、〝『住吉駕籠』をやるときは、足は八本というのが頭に出て来るので間違えない〟って」

のり子の話を聞いていると、まん丸い目をした可朝の愛嬌ある顔が頭に浮かんで来た。

「パパは落語が好きなんですよ。最後まで落語をしたかったんですよね。それは叶ったんかなと」

でもね、と笑みを浮かべながら続けた。

「七〇歳になったとき、こう言うたんです。〝ワシな、今から真面目に落語をやろうと思うねん〟って。それを聞いた母は〝なめとる〟って一言。七〇から真面目に落語やるって、五〇年間何やってきたんやって話じゃないですか」

のり子は明るい声を出して笑った。

芸人の可愛げには棘がある。彼女たち家族をどん底に落としたのは同じ時期のことだ。二〇〇七年、ストーカー行為で逮捕されたのだ。

「あれは嫌でしたね」

そう言うと、一呼吸置いた。

「私が会社に勤めている間に、なんか一回ぐらいあるやろなと覚悟はしてました。心の準備をしていないと、とっさに来られても嫌やから。でも、まさか、あんなネタで、とは思わなかった」

ガーンですよ、あれはないでしょと首を振った。

「会社で言われたんですよ。〝のりちゃんのお父さん、なんかネット（ニュース）に出てるで〟って。見たら、捕まっていた。家に帰って、母とどうしたらええかなって。警察に電話して事情を詳しく聞こうと思ったんですけれど、報道されている以上のことは教えてくれないんです」

夜中までどうしたらいいだろうかと頭を悩ましていると、母は「もうやめよ、心配してもしゃーない。あいつはもう寝とる。私らも寝よう」と言い放った。

「賭博は父だけのことですけれど、あれは被害者の方がいて、他人を巻きこんでるじゃないですか。あのときは会社に行くのが嫌でね。でも、一度行かなくなると、もっと行きにくくなる。母は〝行きなさい、週末の『アッコにお任せ』で終わるから〟って」

その週に起こった芸能ニュースをまとめて報じる日曜日の和田アキ子が司会を務める番組で収束するというのだ。

賭博事件のときと同じように、のり子たちは頭を下げて嵐が過ぎ去るのを待った。

「とにかく私たちは世間が収まったらいいんです」

だってしょうがないでしょ、あの人が父親なんですからとため息をついた。

「何泊かして出てきて、電話が掛かってきたんです。たまたま電話に出られなくて、留守番電話を聞いたら〝パパでーす〟って。〝何がパパじゃ〟って思いましたよ。それで捕まってわーっとなって落ち着いた。黙っておけばいいのに〝記者会見する〟って言うんです。記者会見やれば、また騒がれるでしょ。母は〝子どもたちのためにもやめて〟って電話で頼んだ。でも、やると言うたら、あの人はやるんですよ。誰が何と言ってもやめない。家族を持つべき人ではないんでしょうね」

深く噛みしめるように言った。

※

可朝は報道陣から今の気持ちを歌ってくれと頼まれ、『嘆きのボイン』の節でこう始めた。

――可朝は七年間不倫してきて、その結果、警察に御用やでぇ

可朝は全く反省していない、不謹慎だと叩かれた。残り火に火吹き竹で息を吹き込んだようなものだった。

ぼくはこのやりとりをテレビで観て、勝新太郎を思い出した。一九九〇年一月、勝はハワイのホノルル空港で逮捕された。大麻九・七五グラムとコカイン一・七五グラムの入った小さな袋を下着の中に隠していたのだ。記者会見で「今後はパンツをはかないようにする」と笑いをとった。

勝はぼくにこう教えてくれたことがあった。

「鏡の前で、反省した顔を作ってみたんだよ。でも俺らしくない」

事件を収束させるためには、肚の中はともかくとして、テレビカメラの前で殊勝な顔をして反省の弁を口にしたほうがいい。しかし、いったい誰に向けた謝罪なのだ。正直な彼はそれを潔しとしなかった。報道陣が集まり、ついつい人が喜びそうなことを口にした。可朝も同じである――。

そんな話をすると、ああ、そうなんですかねぇ、私には分かりませんとのり子はとぼけた顔をした。その顔には可朝の面影があった。

「事件の後、これで終わって欲しいなと思って、パパに〝悪いけど、これからは穏やかに生きてくれへんか〟って頼んだんですよ。そうしたら〝よしよし任しとけ〟って言うてましたけど、油断できひん。私、入院中から毎日泣いていたんです。パパが亡くなって、ふと思ったんです。ああ、これでもうないって。その面ではほっとしました。ただ八〇歳って平均（寿命）でしょ。そこがなんか悔しいんですよ。パパ、平均かて、ちょっと早かったなぁ。まあ、生き返るって言われても困りますけど」

可朝の死はしばらく伏せられた。可朝は芸能事務所に所属していなかった。どのように対応すればいいのか、のり子たちにはか分からなかったのだ。

「お寺に連れて行って、納棺のときに着替えさせるでしょ。ぱっとお布団開けたら、ぺったんこやったんですよ。ずっと寝ていたから、がりがりになって、こんなに小さくなるんやなっていうぐらい。顔もおじいちゃんかおばあちゃんかも分からないぐらいに小さくなっていた。それで黒紋付きを着せてあげたんです。葬儀屋さんが片手をずっと着物に入れたとき、もの凄く格好良かった。がりがりで私の知っている顔じゃないのに、袖を通したら落語家やなぁって」

格好ええなぁって、私ずっと泣いてましたと再び涙を拭った。

「あんまり泣くとあの世に行けないって言いますよね。でも、パパやから、まあ行きますよね」

そう笑うと鼻をすすった。

しばらく、父親が亡くなったという実感がなかったという。

「なんかずっと家にいる気がしてました。一〇〇日ぐらい過ぎた頃、夢に出てきたんです」

家の扉が開き、可朝が這って入って来た。

――ああしんどかった。無茶苦茶しんどかった。やっと楽になったわ。ちょっと寝させてくれ

そして立ち上がると部屋に入って行った。

「(入院中の一時期)呼吸が苦しくて、もう殺してくれって言ってました。あの恐がりの人が殺してくれっていうから、よっぽどやったはず」

その夢を見てから、父の気配が消えたという。

「ほんまにあの人は、最後まで自由に生きて死んで行った。幸せな人生やったと思いませんか？」

のり子の言葉にぼくは「はい」と深く頷いた。全身芸人としての一生をまっとうした、眩しい男だった。その最後の一時期を少しだけでも知ることは出来たのは幸せだった。

あとがき

本書で触れたように、この本の元となる連載企画は写真家の関根虎洸氏、編集者の中山智喜氏との三人で始めた。開始前、そして連載中、珈琲や酒を飲みながら何度も頭を付き合わせて、誰に登場してもらうか話し合ったものだ。人選こそが、この企画のメッセージとなると考えていたからだ。

月亭可朝さんから始まって、松鶴家千とせさん、毒蝮三太夫さん、世志凡太さん、浅香光代さん、そしてこまどり姉妹――。

この中で、故・可朝さん、千とせさん、そしてこまどり姉妹の四人が〝最年少〟の一九三八年――昭和十三年生まれである。奇しくも、二年前に亡くなったぼくの父親と同じ年だった。

医師だった父親と、出版社を辞めて物書きという浮き草のような道を選んだぼくの間にはずっと距離があり、昔話を聞いたことはなかった。可朝さんたちに取材してるとき、父も同じ時代を生きていたのだなと思うことがあった。

彼らはみな戦争を子どもの頃に体験している。苛烈な幼少期を歩むことになった、こまどり姉妹を筆頭に、戦争は彼らの人生に深く影響を与えている。元々はプロローグで書いたように、「全身芸人」の生き様を描くつもりだった。取材を進めるうちに彼らがいなくなれば語り部を失ってしまう戦争、そして戦後の芸能史の光芒を残すことでもあると思うようになった。

そのことを改めて指摘してくれたのが太田出版の編集者、村上清氏である。村上さんがこの本のチームというパズルを完成させる最後のピースとなった。

可朝さんの過去の落語の音声データ、エピローグの鈴木のり子さんの取材については、東京での可朝さんの寄席を主催してきた宮岡博英さんの手を借りた。最後になるが、この本に関わった全ての方に感謝したい。

十一月、冬の足音が聞こえる東京にて

田崎健太

参考文献（順不同）

吉川潮『月亭可朝の『ナニワ博打八景』金持たしたらあかん奴』竹書房　二〇〇八年
月亭可朝『真面目ちゃうちゃう可朝の話』鹿砦社　一九九九年
松鶴家千とせ『千とせのわかるかな　泣き笑いのへんな芸人』けいせい出版　一九七六年
加藤聖文『満鉄全史「国策会社」の全貌』講談社選書メチエ　二〇〇六年
原田勝正『満鉄』岩波新書　一九八一年
原町市史編纂委員会・編『原町市史』原町市　一九六八年
南相馬市教育委員会博物館市史編さん係・編『原町市史 第11巻（特別編4）旧町村史』南相馬市　二〇〇八年
小熊英二『帰ってきた男　ある日本兵の戦争と戦後』岩波新書　二〇〇八年
栗原俊雄『シベリア抑留　未完の悲劇』岩波新書　二〇〇九年

ビートたけし『浅草キッド』新潮文庫　一九九二年
ビートきよし『もうひとつの浅草キッド』双葉社　二〇一七年
太田省一『芸人最強社会ニッポン』朝日新書　二〇一六年
毒蝮三太夫『毒蝮流！　ことばで介護』講談社＋α新書　二〇一四年
毒蝮三太夫『人生八十、寝てみて七日。ジジィ、ババァに学んで二十五年』リヨン社　一九九四年
山中伊知郎『ラジオの鉄人』風塵社　一九九九年
浅香光代『女剣劇』学風書院　一九五八年
浅香光代『手さぐりの幸せ』海竜社　一九八三年
浅香光代『浅香光代―斬って恋して五十年』日本図書センター　二〇〇〇年
森秀男『夢まぼろし女剣劇』筑摩書房　一九九二年
福永文夫『日本占領史1945-1952　東京・ワシントン・沖縄』中公新書　二〇一四年
半藤一利、保阪正康、松本健一、竹内修司・編『占領下日本』筑摩書房　二〇〇九年
堀威夫『わが人生のホリプロ』小学館文庫　二〇〇五年
村松友視『ギターとたくあん　堀威夫流 不良の粋脈』集英社　二〇一〇年
野地秩嘉『昭和のスター王国を築いた男　渡辺晋物語』マガジンハウス　二〇一〇年
阿久悠『夢を食った男たち　「スター誕生」と歌謡曲黄金の70年代』文春文庫　二〇〇七年
小坂一也『メイド・イン・オキュパイド・ジャパン』河出書房新書　一九九〇年

都倉俊一『あの時、マイソングユアソング』新潮社　二〇〇八年
谷啓『七人のネコとトロンボーン』読売新聞社　一九九五年
中山涙『浅草芸人　エノケン、ロッパ、欽ちゃん、たけし、浅草演芸150年史』マイナビ新書　二〇一一年
北海道新聞社・編『いま語る私の歩んだ道2』北海道新聞社　二〇〇六年
小沢昭一『日本の放浪芸』白水社　二〇〇四年
小沢昭一『芸人の肖像』ちくま新書　二〇一三年
沖浦和光『旅芸人のいた風景　遍歴・流浪・渡世』河出書房新社　二〇一六年
猪野健治『興行界の顔役』ちくま文庫　二〇〇四年
橋本五郎、いではく、長田暁二・編『不滅の遠藤実』藤原書店　二〇一四年
笹山敬輔『昭和芸人　七人の最期』文春文庫　二〇一六年
立川談志『現代落語論』三一新書　一九六五年
立川談志『談志　受け咄』三一書房　一九九七年
立川談四楼『談志が死んだ』新潮文庫　二〇一五年
立川談慶『なぜ与太郎は頭のいい人よりうまくいくのか』日本実業出版社　二〇一七年
立川談慶『慶応卒の落語家が教える「また会いたい」と思わせる気づかい』WAVE出版　二〇一八年

水道橋博士『藝人春秋』文春文庫　二〇一五年
水道橋博士『藝人春秋2』文藝春秋　二〇一七年

『福島民報』一九四六年六月一日
『女性自身』光文社　一九八一年二月一九日号
『週刊平凡』マガジンハウス　一九七六年四月二九日号
『読売新聞』二〇一六年八月三一日、二〇一六年八月三一日、二〇一六年九月一日
『都新聞』一九三六年七月一六日
『東京新聞』一九五一年一〇月二二日
『週刊読売』一九七四年三月二三日号
『歴史街道』ＰＨＰ研究所　二〇〇二年一月号〜二〇〇四年四月号

田崎健太

……たざき・けんた……

1968年3月13日京都市生まれ。ノンフィクション作家。早稲田大学法学部卒業後、小学館に入社。『週刊ポスト』編集部などを経て、1999年末に退社。
著書に『W杯に群がる男たち―巨大サッカービジネスの闇―』（新潮文庫）、『辺境遊記』（英治出版）、『偶然完全　勝新太郎伝』（講談文庫）、『維新漂流　中田宏は何を見たのか』（集英社インターナショナル）、『球童　伊良部秀輝伝』（講談社／ミズノスポーツライター賞優秀賞）、『真説・長州力　1951-2018』（集英社文庫）、『電通とFIFA　サッカーに群がる男たち』（光文社新書）、『真説佐山サトル』（集英社インターナショナル）、『ドラガイ』（カンゼン）など。

関根虎洸

……せきね・ここう……

1968年、埼玉県生まれ。フリーカメラマン。
著書に『DOG&GOD』（情報センター出版局）、『CHELSEA　桐谷健太写真集』（ワニブックス）、『遊廓に泊まる』（新潮社）など。

初出　『月刊 実話ナックルズ』ミリオン出版（2016年5月号〜2017年12月号）
連載時のタイトル『絶滅芸人』は単行本化にあたり『全身芸人』と改題しました。

本文中では敬称を略させていただきました。

本文中の記述において現在では不適切と思われる表現がありますが、
本書の内容上、当時の状況を説明するために必要と考え、使用しております。
差別を助長する意図によるものではないことをご了承ください。

編集　中山智喜
村上清（太田出版）

全身芸人　本物《レジェンド》たちの狂気、老い、そして芸のすべて

2018年12月3日　第1版第1刷発行

取材・文　田崎健太
写　真　関根虎洸

発行人　岡聡
発行所　株式会社太田出版
〒160-8571
東京都新宿区愛住町22　第3山田ビル4F
電話03（3359）6262
振替00120-6-162166
http://www.ohtabooks.com/

印刷・製本　株式会社シナノ

ISBN978-4-7783-1649-5　C0095